Peter Beck

Steingärten Trockenmauern und Tröge

Anlegen, Bepflanzen, Pflegen

Kosmos

Schon im zeitigen Frühjahr brillieren die Küchenschellen (*Pulsatilla vulgaris* in Sorten).

Üppige Blütenpracht im Sommer: *Sedum floriferum* 'Weihenstephaner Gold'.

Inhalt

Kostbar und dekorativ ist die Feuerlilie *(Lilium bulbiferum)*.

Manche Steingartenpflanzen siedeln im Gebirge selbst auf schroffesten Zinnen.

Ein Beispiel ist das seltene und begehrte Edelweiß.

Steingärten, Tröge und Trockenmauern

Mit Steinen und Pflanzen zum Ziel

Schönes weckt Wünsche. Steingärten – ob groß oder klein – wirkungsvoll zu gestalten, heißt einen prachtvollen Naturausschnitt im Garten, direkt vor dem Fenster, aufzubauen. Anregungen gibt uns die grandiose Natur des Alpenraumes in Hülle und Fülle.

Das Naturszenario zeigt uns vielgestaltiges Gestein mit tief eingegrabenen Spuren aus längst vergangener Zeit. Bizarre Wurzeln, von der Sonne gebleicht und vom Wind geschält, gehören ebenso dazu die Flechten, Farne, Moose, phantastische Blütenpflanzen und knorrige Bäume, die inmitten der Felsen, sogar im Schotter oder inmitten grüner Matten leben.

Es lohnt sich, einen solch prächtigen Naturausschnitt im Steingarten nachzuahmen.

In zerklüftetem Gelände und auf bergigen Matten gedeihen …

… vielfältige alpine Pflanzen.

Es wachsen dort vorwiegend Pflanzen, die sich in herkömmlichen Gärten nicht oder nur schwer ansiedeln lassen - außer man erschafft sich diese ungewöhnliche Landschaftsform inmitten des üblichen Gartengrüns. Oder, wenn eigener Grund fehlt, direkt vor der Tür in Trögen und Schalen.
Die Natur steht dabei Pate. Sie ist und bleibt unsere beste Lehrmeisterin. Deshalb lohnt sich beim Spaziergang im Hoch- oder Mittelgebirge der Blick aufs Detail. Aber auch felsige Ufer und aufgelassene Steinbrüche zeigen uns, wie ein Steingarten oder eine Trockenmauer aussehen könnte.

Wo sich Humus sammelt, siedeln in kleinsten Spalten und Löchern Pflanzen – auch an exponierten Stellen.

Schauanlage in Tschechien

Pflanzenpracht im Geröll

VORBILD BOTANISCHER GARTEN

Mit der Eroberung der alpinen Welt durch Bergsteiger wurde auch die wunderbare Flora dieser Regionen den Botanikern, aber auch ambitionierten Hobby- und Profigärtnern zugänglich. Daraus entwickelte sich bald eine Bewegung, die über England auch aufs Festland überschwappte und heute zum weltweiten Hobby begeisterter Menschen geworden ist. Maßgeblichen Anteil an der Pflege und Vermehrung der alpinen Pflanzen und solcher, die andere steinige Areale besiedeln, haben bis heute nicht nur die vielen Hobbysteingärtner mit ihren oft begeisternd schönen Alpinumanlagen, sondern auch die nachahmenswerten Schau- und Musteranlagen der Botanischen Gärten und diejenigen engagierter Pflanzenzüchter, in denen man Lust und Anregungen zum Nachmachen in Hülle und Fülle bekommt.

DER BEGRIFF „STEINGARTEN"

Er schlägt einen weiten Bogen von einem Hang, der abgefangen und begrünt wird, über eine leicht erhöhte Fläche, die - mit Steinen, Stauden und Kleingehölzen bepflanzt - eher einer Steintreppe gleicht, und weiter, bis hin zum Heidegarten, der mit unterschiedlich großen Findlingen gestaltet wurde. Dazu gehören auch Teiche, deren Ufer und Anschlußzonen felsenreich aufgebaut sind. Der eigentliche Steingarten wirkt wie ein echter Naturausschnitt. Nicht zu vergessen sind Trockenmauern, Pflanzwälle und Tröge bzw. Schalengärtchen aller Art. Selbst triste Flächen und Hinterhöfe gewinnen durch Steine und Pflanzen optisch an Wert. Sie alle haben eines gemeinsam: Mit ihnen läßt sich der sehnlichste Wunsch jener Menschen erfüllen, die in einer Welt leben, die unter Beton und Asphalt zu verschwinden droht. Es gibt viele Örtlichkeiten, die durch Kompositionen mit Steinen und Pflanzen gewinnen.

BEISPIELE AUS DER PRAXIS

Da sind zunächst die Eingangszonen. Als Begrenzung zum Nachbarn oder zur Straße hin sind sie wie geschaffen für Steingärten. Vorgärten, Stufenbegrenzungen, aber auch Terrassenböschungen lassen sich so verschönern. Selbstverständlich verfehlt ein beispielhafter Steingarten, eine gut gelungene Trockenmauer oder ein blütenübersäter Pflanzwall - als dekoratives Gartenelement eingesetzt - nicht seine begeisternde Wirkung auf den Beschauer. Selbst flache, leicht geneigte Flächen wie Garagendächer, Mülltonnenüberbauungen oder Mauersockel lassen

Beispielhaft ist das Alpinum im Botanischen Garten in München.

Lehrreich und interessant zu allen Jahreszeiten: die Schauanlage in der Universität Hohenheim

sich mit leichten Steinen (Lava) und robusten Pflanzen attraktiv gestalten.

WOHER DIE PFLANZEN STAMMEN

Um die stetig steigende Nachfrage nach Pflanzen,

Sempervivum montanum **wächst auf Silikat.**

die dafür geeignet sind, zu befriedigen, bietet der Fachhandel eine große Palette schönster, vor allem aber gartenwilliger Arten an. Dafür sorgen vor allem tüchtige und rührige Züchter, die sich darauf spezialisiert haben, sowie Botaniker, aber auch einige Hobbygärtner. Sie machten sich alle das Wissen über die natürlichen Standorte und Wuchsbedingungen, aber auch die wissenschaftlichen und technischen Möglichkeiten zur Vermehrung selbst schwierigster Arten und zur Akklimatisierung dieser Pflanzenschätze zunutze. Dabei entstanden und entstehen noch heute neue Hybriden, Zuchtformen, Veredlungen und Sorten. Darunter sind Wildformen, die als stark gefährdet eingestuft werden. Als Beispiel kann das begehrte Edelweiß gelten, welches jetzt, dank erfolgreicher Vermehrung, auch in großen Mengen selbst in Gartencentern regelmäßig angeboten wird.

HOBBY UND NATURSCHUTZ

Gerade solche Pflanzen, deren Wiege in den Gebirgen und Steppen unserer Welt steht, haben mit vielen anderen Pflanzen und Tieren eines gemeinsam: Sie sind extrem an ihre Standorte angepaßt und deshalb auch nicht so einfach zu „verpflanzen". Ihre Bestände gehen zurück. Durch die Erschließung der Berge für den Massentourismus, z. B. durch den Skiliftbau oder ungezügeltes Mountainbiking und Wandern abseits der Wege, kommt die Natur immer mehr unter Druck. Obwohl die meisten der alpinen Pflanzen streng geschützt sind, werden ihre

Feuerlilien wirken am besten als Gruppe.

Viele Pflanzen sind an extreme Standorte angepaßt und werden am falschen Platz nicht gedeihen.

Lebensräume durch vielerlei Umstände unwiederbringlich zerstört. Oft landen ganze Pflanzen oder deren Blüten, wenn sie in der Vase welk geworden sind, auf dem Abfall. Andere werden zur Unzeit ausgegraben, um nach dem Urlaub im normalen Gartenbeet das Zeitliche zu segnen. So sehr man als Bergwanderer auch geneigt sein mag, die blühenden Pflanzen, die einem sehr begehrenswert erscheinen, mitzunehmen, um sie zu Hause wieder anzusiedeln, sollte man darauf verzichten. Denn alpine Pflanzen brauchen lange, um sich im Tiefland zu akklimatisieren. Blühende Pflanzen wachsen ohnedies kaum mehr an. Und wenn doch, können sie am neuen Standort blühfaul sein. Jeglicher Ärger und Frust ist vermeidbar, wenn man auf das reichhaltige Angebot hiesiger Gärtner zurückgreift.

Richtig geplant, wird unser Steingarten schnell zum blühenden Paradies.

Den Erfolg planen und richtig bauen

Unser Wunsch, mit Steinen, Wurzeln und Pflanzen etwas besonders Schönes zu schaffen, wird nun verwirklicht. Schritt für Schritt, mit Geduld und etwas Geschick, rückt das Ziel näher. Bevor man nun wild drauflosbaut, heißt es, erst alles wohlüberlegt zu planen, damit das Werk gelingt.

VORHER BEDENKEN

Für die Planung, aber mehr noch für die Bauausführung braucht man genügend Zeit. Unter Zeitdruck kann kaum etwas gelingen. Deshalb plant man am besten schon im Winter. Dann ist auch die Vorfreude am größten. Vor Ort sucht man nach einem geeigneten Platz, der so groß wie möglich sein sollte, denn die Erfahrung zeigt, daß die Pflanzflächen schnell zu klein werden. Auf Millimeterpapier werden zuerst alle vorhandenen Gegebenheiten wie Haus, Garage usw. maßstabsgerecht eingetragen. Dann folgen die Abmessungen der Anlage und der vorgesehene Platzbedarf. Soweit noch nicht vorhanden, wird der Weg zur Anlage mit eingeplant, damit es bei der Anlieferung der Steine keine Probleme gibt. Was tun mit dem Aushub, und wo wird er zwi-

Auch Tröge schmücken.

Wege sollen zweckmäßig und schön sein.

Wer Platz hat, sollte ihn auch nutzen, denn große Anlagen wirken mit großen Steinen am besten.

schengelagert? Oder kann man ihn sofort beim Bau zum Modellieren verwenden? Vorteilhaft sind Strom- und Wasseranschlüsse direkt vor Ort. Werden Grundstücksgrenzen berührt, so gilt es, das Nachbarrecht zu beachten. Wenn man schon beim Konzipieren ist, kann man auch gleich mit überlegen, wie die Übergänge zum nächstgelegenen Gartenbereich harmonisch verlaufen. Wenn eine Wasserstelle im Spiel ist, was immer von großem Vorteil ist (s. S. 57), sind Becken, die Zu- oder Abläufe auch einzuzeichnen. Um sich bestehende oder geplante Niveauunterschiede sowie die vorgesehenen Höhen besser vorstellen zu können, läßt sich zum Durchspielen ein Modell aus Knetgummi anfertigen. Ist das Gelände flach, so werden möglichst fließende Strukturen vorgeplant. Zu strenge und gerade Linien lassen einen Steingarten oft unnatürlich erscheinen – außer die gesamte Anlage ist formal gestaltet. Haben Sie schon daran gedacht, auf ebenen Flächen in die Tiefe zu gehen, um sich einen Sitzplatz zu schaffen, dessen Aushub die nötige Höhe bringt? Dazu würde ein nicht zu schmaler Hohlweg, der im selben Stil und mit den gleichen Steinen errichtet würde, gut passen. Für Ihre eigenen Ideen und die Ihrer Familienmitglieder sowie von Freunden und Bekannten bleibt noch genügend Platz auf der Planskizze. Am besten macht man sich mehrere Kopien, um alles durchspielen zu können. Wenn wenig Zeit vorhanden ist oder Ihre Kräfte den Eigenbau nicht zulassen, dann kann man auch einen Fachbetrieb damit beauftragen. Bestehen Sie aber immer auf einem Plan sowie einem Kostenvoranschlag.
In dieser Phase der Planung kann man sich schon ein Wunschsortiment an Pflanzen zusammenstellen. Der endgültige Pflanzplan läßt sich erst nach dem Setzen des letzten Steines machen, weil sich dabei sicher noch mehr passende Standorte für allerlei Pflanzenschätze auftun.

DIE STANDORTFRAGE

Gesucht ist stets der ideale Platz, zuerst für uns selbst. Das könnte eine markante,

Mit Tuffsteinen läßt sich gut gestalten.

am besten von drinnen und draußen gut einsehbare Stelle sein. Oder ein Platz direkt neben einem romantischen Sitzplatz. Auch Eingangszonen drängen sich geradezu auf, sind sie doch die Visitenkarte der Hausbewohner. Direkt vor oder neben einer Terrasse wird ein prächtiger Steingarten immer für Furore sorgen. Mit Steinen und Pflanzen im Vordergrund gewinnt auch die ödeste Mauer an „Ansehen". Froh kann derjenige sein, der in einer Hanglage wohnt. Denn natürliche Hänge bieten sich geradezu an. Aber auch jede andere Fläche läßt sich zu einem Steingarten formen. Für die Pflanzen ist es noch wichtiger, den optimalen Standort zu finden. Den Sonnenlauf nutzend, liegt dieser von Nord/Nordosten nach Süd/Südwesten verlaufend. Reine Südseiten sind problematischer. Sie können sich schnell und ausdauernd erhitzen und zu schnell trocken werden. Man kann dann natürlich abschattieren oder solche Pflanzen auswählen, die als Sonnenkinder bekannt sind. Wer nur über eine absonnige Lage verfügt, der braucht nicht zu verzweifeln. Auch dort, wo es meistens kühler und feuchter ist, wachsen eine ganze Reihe besonders reizvoller Arten wie u. a. Primeln und Farne.

WANN BAUEN?

Obwohl im Frühjahr und Herbst das Pflanzenangebot am größten ist, ist man an keine bestimmte Jahreszeit mehr gebunden. Seit die meisten Pflanzen von Anfang an in Containern bis zur Verkaufsreife kultiviert und somit während der gesamten Vegetationsperiode mit einem festen Ballen angeboten werden, kann man bei trockenem Wetter vom Frühling bis zum Herbst bauen und die Anlage dann auch gleich bepflanzen.

Hier wurde der vorhandene Platz optimal genutzt.

Licht und Schatten sowie Wasser schaffen im Steingarten ein günstiges Kleinklima.

NÜTZLICHE GERÄTE

Gutes Handwerkszeug ist unverzichtbar, es erspart Zeit und Mühe. Sie brau-

Lochgestein wirkt attraktiv.

Gute Drainage ist wichtig.

chen: Absteckholz und Schnur, Spaten, Rechen, Durchwurf (mehrere Maschenweiten), Pickel, Gabel, Schub- und Sackkarre, mehrere Brechstangen (Kuhfuß), einige dicke Bretter, Eimer, Wannen, Fäustel, Vorschlaghammer, Meißel, Handschaufel, Rübenkratzer, Löffel, Gartenschere und -messer, Gießkanne und Gartenschlauch. Dazu gutes Schuhwerk, dicke und dünne Handschuhe, Sicherheitsbrille (beim Bohren und Steinarbeiten), Meßreagenzien für die Bodenanalyse, Pflanzholz, Markierungsstäbchen, Stecketiketten und -stift.

WISSEN ÜBER STEINE

Schönes, vor allem urig geformtes oder wild zerklüftetes Gestein ist heiß begehrt, vor allem, wenn es viele größere Spalten oder Löcher aufweist. Dies bedeutet, daß man schnell „steinreich", aber je nach Einkaufsquelle etwas ärmer wird. Wegen der Transportkosten und der Gestaltung empfiehlt es sich, Steine zu verwenden, die in der näheren Umgebung vorkommen. Dekorativ und natürlich wirken rohe, möglichst unbehauene Stücke, die bis auf ihre Auflagefläche möglichst rauh und uneben sein dürfen. Solche gibt es in Steinbrüchen oder auch im Baustoffhandel bzw. in Gartencentern. Brauchbare Steine fallen oft auch bei Abbrucharbeiten an.
Benötigt man nur wenige, um Tröge etc. zu gestalten, lohnt es sich, in Aquariengeschäften nach Dekosteinen zu fragen. Dort gibt es oft ausgefallene Stücke. Auch in Steinbrüchen oder am Wegesrand lassen sich wahre „Sahnestücke" finden. Beim Sammeln sollte man aber auf Besitzrechte und Schutzbestimmungen achten.
Scharfkantige gebrochene Felsen mit besonders rauher Oberfläche sehen recht urtümlich aus. Abgeschliffene, runde Steine vermitteln mehr Ruhe und wirken sanfter. Wird nur eine Gesteinsart verbaut, wirkt die Anlage am harmonischsten. Um Monotonie (zu viele gleich große) oder zu starke Gegensätze (zu unterschiedliches Aussehen) zu vermeiden, sollte man kritisch auswählen.
Steine sind in unserer Anlage das wichtigste Gestaltungselement und Standort für Fels-, Spalten- und Geröllsiedler. Auch für das Mikroklima sind sie unverzichtbar, weil sie Schatten spenden und Wärme sowie Feuchtigkeit speichern können (z. B. Tuff) und langsam wieder abgeben.

Häufig angebotenes Gestein:

Basalt ist schwer, hart, kantig und etwas düster. Wer mit Basalt arbeitet, braucht eine erfahrene Hand. **Granit** ist ebenfalls hart, schwer und kantig, aber seine Farbnuancen können sehr attraktiv sein. Besonders hellerer, schön gemaserter Granit wirkt gut. **Gneis** hat ebenfalls interessante Struk-

TIP: Möglichst keine zu kleinen Stücke verwenden und zudem kein Gestein, das sehr schnell verwittert oder zerfällt, wie z. B. sehr weicher Tuff, brüchiger Schiefer oder weicher Sandstein.

Der Eingangsbereich ist die Visitenkarte des Hauses – der Tuff wird vielerlei Pflanzenschätze aufnehmen.

turen. Diese drei Gesteine und jegliche Silikatgesteine (Urgestein) sind für eine Bepflanzung mit „Kalkfliehern" ideal.
Das sehr leichte **Lavagestein** ist zur Bepflanzung geeignet (S. 19). Leider wirkt es auf großen Flächen sehr dunkel. **Sandstein** gibt es in verschiedener Härte und Farbe. Ist er weich, läßt er sich gut bearbeiten, aber er verwittert schneller als der harte. Helleres, oft weißlicheres bis gelbes **Karbonatgestein**, wie Dolomit, Muschelkalk oder Tuffstein (mit poröser und leicht zu bearbeitender Oberfläche), ist ideal für kalkholde Pflanzenschätze. **Kalksteinknollen**, auch als Katzenkopf- oder Lochgestein bekannt, wirken begeisternd und lassen sich sehr gut bepflanzen. **Cannstätter Travertin** ist ansprechend gelblich gefärbt und gibt ideale Wegplatten ab.
Grundsätzlich sollte man den Verkäufer fragen, wenn man nicht sicher ist, welche Art von Gestein man vor sich hat, um letztendlich die richtige Wahl treffen zu können.

DRAINAGE

Eines haben unsere Steingartenpflanzen gemeinsam: sie brauchen einen wasserdurchlässigen Untergrund. Staunässe tötet sie. Deshalb besorgt man das Drainagematerial gleichzeitig mit den großen Steinen. Es muß auf die Pflanzenbedürfnisse abgestimmt sein. Je nach Untergrund rechnet man ca. 20-40 cm Splitt oder Rollkies (3-7 cm) als Drainage für die gesamte auszuhebende Fläche. Je feuchter oder stärker der Boden verdichtet ist, um so höher sollte auch die Drainageschicht sein. Zum Modellieren und zum Aufbau der Landschaft ist Aushub aller Art (ohne Soden) oder sogar „sauberer" Bauschutt geeignet.

STEINE BEWEGEN

Wird eine größere Anlage geplant, kann ein gemieteter Kleinbagger viel Zeit und Kraft beim Aushub und Transport der Steine sparen.

Sandstein ist kompakt.

Silikatgestein (Urgestein)

Zuerst wird die Drainage angelegt, dann werden die Steine aufgebaut und das Pflanzsubstrat verteilt.

Ebenso hilfreich sind Flaschenzug oder Seilwinde, ein sogenannter „Hund" und Metallrollen. Mit einem Sack und Schmierseife läßt sich ein kleiner Findling auch von einer Person ziehen. Die Anlieferung sollte man stets „frei Baustelle" vereinbaren und für einen nahen Lagerplatz sorgen. Große Solitärsteine gleich an Ort und Stelle ablegen!

GUTES SUBSTRAT

Einige der im Handel angebotenen Pflanzen kommen mit fast jedem Boden zurecht (z. B. *Aubrieta, Iberis, Phlox, Alyssum, Sedum*- und *Sempervivum*-Hybriden und -Sorten). Weit mehr Arten (vor allem alpine und Moorbeetpflanzen) stellen größere Ansprüche an das Substrat, und sie lassen nicht mit sich handeln. Es soll entweder kalkhaltig (basisch) oder kalkfrei (sauer oder neutral), außerdem „mager", aber mineralstoffreich sein. Will man eigenen Boden verwenden, sollte man ihn analysieren. Reagenzien gibt es im Fachhandel. Vor allem stickstofffrei sollte er sein. Der pH-Wert läßt sich ggf. durch sog. Zuschlagstoffe einstellen. Grenzt eine Anlage für „Kalkflieher" an eine für „Kalkholde", lassen sich die Areale mit einem Stück Teichfolie voneinander trennen.
Bei einigen Spezialgärtnereien kann man auch Substrat kaufen. Leider gehen bei der richtigen Zusammensetzung die Meinungen der Fachleute oft gehörig auseinander, und jeder schwört auf sein Rezept, das bei ihm auch funktioniert. Weil jedoch in jedem Garten die Verhältnisse anders liegen, gibt es *die* Einheitserde *für alle* nicht.
Das Substrat spielt eine größere Rolle als das umgebende Gestein (Foto Seite 50). Gutes Substrat ist locker, luftig und humos. Es enthält z. B. 1/3 Mainsand (2-3 mm) oder Quarzkies, 1/3 gebrochenen Blähschiefer und 1/3 faserigen, wenig zersetzten Weißtorf mit etwas Vermiculit oder Perlit. Bei kalkholden Pflanzen dazu feiner Kalkbruch sowie auf 1-2 l Substrat 1 Teelöffel Urgesteinsmehl. Bei Kalkfliehern kann man feinen Silikatbruch zugeben. Vermiculit und Perlit geben das aufgenommene Wasser langsam wieder an die Umgebung ab. Urgesteinsmehl und Silikatbruch liefern Mineralien. Für manche Pflanze ist etwas Lehm von Vorteil. Alles wird gleichmäßig und locker vermischt.

Hier sind bereits die Pflanzlöcher vorbereitet.

TIP: Das fertig gemischte Substrat sofort abdecken, damit es trocken und unkrautfrei bleibt.

Komposterde ist meistens zu nährstoffreich; ggf. stark mit Mainsand ausmagern. Gut abgelagerten Laub- oder Nadelhumus kann man für einige Pflanzen (z. B. *Cyclamen*) nehmen. Jede Mischung läßt sich pflanzengerecht variieren: Wenig zersetzter, grobfaseriger Weißtorf speichert Wasser und sorgt für feuchtes, luftiges und lockeres Substrat. Ist es verdichtet, wird Sand zugeschlagen oder umgekehrt zu sandiger Boden mit Torf- und Lehmzusatz verbessert. Tuff- oder Kalkbruch bzw. Kalkmehl macht das Substrat basisch.

ABDECKMATERIAL

Nach dem Bepflanzen und gründlichem Wässern wird nach einigen Tagen das zusammengesunkene Substrat bis zum Wurzelhals ca. 1-2 cm hoch abgedeckt. Man nimmt 3-5 mm starken Quarz- bzw. Mainkies oder gebrochenen Blähschiefer bzw. kleinkörnigen Tuff- (kalkhaltig) oder Silikatbruch. Rindenmulch ist durch hohen Gerbsäureanteil und möglichen Schadstoffgehalt völlig ungeeignet.

So geht's kinderleicht: mit Schmierseife.

BAUEN SCHRITT FÜR SCHRITT

Zuerst wird das Gelände von jeglichem Aufwuchs wurzeltief gesäubert. Besonders von Brennesseln, Giersch, Quecke, Schachtelhalm, Ackerwinde und Brombeeren dürfen nicht einmal mehr Wurzelreste im Boden bleiben. Dabei werden die Rasensoden abgehoben und sofort mit der Grasnarbe nach unten abgelegt, entweder zur Kompostierung oder zum Anböschen bzw. zum Modellieren anderer Gartenflächen. Ist der Boden locker und trocken, genügen 20 cm Tiefe. Ist er jedoch dauerfeucht oder stark verdichtet, sollte man besser 40 cm tief gehen. Wenn erwünscht, lassen sich Erdreich und Steine mit einem Durchwurf trennen und sofort wieder als Pflanz-

Der Trog mit Silikatgestein (oben) ist perfekt nach dem Vorbild der Natur gestaltet.

substrat (wenn geeignet) und die Steine zur Drainage oder beides zusammen mit dem vorgesehenen Material zum Modellieren des Geländes verwenden. Staunässe bleibt ein Fremdwort, wenn der Boden gut gelockert und das Drainagematerial darauf ausgebracht wird. Die geplanten Wege lassen sich, nachdem dort die Drainage verdichtet wurde, abstecken. Endlich folgt der kreative Teil des Bauens. Die Steine werden zu einem harmonischen Bild verlegt. Zuerst wird der größte Brocken an Ort und Stelle gebracht. Die Schokoladenseite ist stets dem Beschauer zugewandt. Man beginnt immer auf der höchsten Erhebung. Dann folgt, von den markanten Punkten weg, mit der flachen Seite wie bergab gefallen, Stein auf Stein, als fließende Ergänzung. Dabei sollten sie bis zu einem Viertel im Boden liegen. Ein Felsanteil von 50 - 60 % ergibt ein besonders reizvolles Bild. Vollendet erscheint dies, wenn mehrere Steine so aneinandergefügt sind, daß alles wie ein gewachsener Felsbrokken aussieht. Die Höhenunterschiede werden wie Terrassen gestaltet, mit genügend Platz zum Pflanzen und Nischen für Hexenbesen. Gleichzeitig bohrt man in weiche Blöcke Pflanzlöcher. Als letzten Pfiff plaziert man als Blickfang noch eine besonders bizarre Wurzel.

Auf Karbonatgestein lassen sich noch mehr Pflanzenarten erfolgreich pflegen.

MINISTEINGÄRTEN

Auch für Menschen ohne Garten kann sich der Traum vom Alpinum und „Garteln“ erfüllen. In alten Trögen oder Replikaten, in winter- bzw. frostfesten Schalen und mehrfach gebrannten Tongefäßen, die es sehr vielgestaltig gibt, lassen sich ganz zauberhafte Naturausschnitte gestalten.
Die Palette geeigneter Gefäße reicht weiter über Betonkästen oder imprägnierte Holztröge bis hin zum Tischgarten. Auch ein Lochstein oder Lavabrocken, freiliegend oder in einer kiesgefüllten Unterschale, läßt sich genauso entzückend gestalten wie ein hohler Wurzelstubben.
Solche „Minis“ haben viele Vorteile. Man erzielt auf kleinstem Raum eine große Wirkung. Sie sind pflegeleicht und lassen sich in bequemer Haltung gut pflegen. Man hat sozusagen alles im Blick und im Griff. Für das kleine Stück transportabler Natur läßt sich leicht ein geeigneter Platz finden: vor dem Fenster, auf dem Balkon (Statik beachten), einer Terrasse oder vor der Tür als reizvoller Gartenschmuck, um Ecken und Winkel zum Leben zu erwecken.
Leicht und beschwingt wirken sie alle, wenn man sie auf tragfesten Unterlagen und erhöht an einem lichten Platz aufstellt. Für die Kleinen gelten dieselben Pflege- und Standortbedingungen wie für die großen Anlagen.
Kleine Gefäße trocknen schneller aus, deshalb ist hier mehr Kontrolle nötig. Wichtig ist ein guter Wasserabfluß im Gefäß. Um große Kälte und Hitze abzuhalten, kleidet man die Behälter innen mit dünnem Styropor aus. Als Drainage wird kalkfreier Riesel (2 bis 3 cm) oder auch Blähton

Zuerst dominiert der Stein, doch schon nach wenigen Jahren überwiegen die üppigen Pflanzenteppiche.

Für prächtig gestaltete alte Tröge oder Replikate läßt sich überall ein geeigneter Platz finden.

Auch mit kleinsten Trögen erzielt man große Wirkung.

(leichter) verwendet. Die Höhe beträgt ca. 30 % des Raumes. Damit kein Substrat in die Drainage sickert, dünnes Vlies dazwischenlegen! Beim Substrat richtet man sich nach den Bedürfnissen der Pflanzen.
Weil man wenig Substrat braucht, eignet sich auch Kakteenerde mit Aquarienkies (1:2) gemischt. Mit Kalk oder Silikatbruch wird abgedeckt. Weil jeder Troginhalt zusammensackt, wird das Substrat 5-10 cm über den Rand hinaus aufgehäuft.
Im Urlaub stellt man Tröge an einen schattigen Platz. Packt man die Gefäße im Winter in einer Noppenfolie gut ein (oben offen überstehen lassen), kommt alles gut über den Winter.

PFLANZEN ZIEREN

Die Krönung der Steine sind die Pflanzen. Sowohl für die Grund- als auch endgültige Bepflanzung lohnt es sich, möglichst viele Informationen über Literatur, Kataloge oder Fachbetriebe einzuholen. Neben den Ansprüchen auch den Flächenbedarf und Ausbreitungsdrang bedenken! Zeit lassen und nie unter Zeitdruck

„Katzenköpfe" lassen sich leicht bepflanzen.

kaufen. Beim Kauf Etikettenhinweise zu Standort und Pflege beachten.
Die Töpfe müssen sauber, das Substrat soll leicht feucht und unkrautfrei sein, der Ballen gut durchwurzelt, die Pflanzen optisch gesund wirken und kräftig sein. Faulende Wurzeln, starke Blattschäden oder gar Insektenbefall sollten von dem Kauf abhalten. Ansonsten noch Blütezeit und -farbe, Wuchs und Blattstrukturen so wählen, daß sie miteinander harmonieren. Auf die richtige Kombination von Polstern, Solitären und Gruppen (Tuffs) kommt es an. Alles soll fröhlich und heiter wirken.
Während des Transports dürfen unsere Kostbarkeiten nie in der prallen Sonne stehen. Dies gilt auch am Pflanzplatz bei einer Zwischenlagerung. Nach dem Auspacken werden alle Pflanzen gewässert, bis keine Luftblasen mehr aufsteigen, und Beschädigtes oder Abgestorbenes entfernt.
Ausgepflanzt wird nur bei bedecktem Wetter, nie zur Mittagszeit oder bei praller Sonne. Zuerst stellt man die Pflanzen, ihren Bedürfnissen entsprechend, probeweise an ihren zukünftigen Platz. Man beginnt mit den größten und bewertet dann ihre Wirkung aus verschiedenen Blickwinkeln.
Trockenheitliebende Pflanzen immer höher setzen als andere. Solitärpflanzen werden besonders exponiert plaziert. Die nötigen Abstände einhalten, damit sie sich nicht beim Wachsen behindern. Alle Pflanzlöcher werden eineinhalbmal so tief und breit angelegt, wie der Ballen mißt, und angefeuchtet. Steinspalten und Löcher mit Hammer und Meißel auf die richtige Größe bringen. Dann so verfahren, wie auf den Fotos zu sehen. Den Topfrand lockern und ablösen. Nötigenfalls den Topf zerstören und den Ballen auflockern. Das Substrat auf Schädlinge hin untersuchen (über Tuch oder Schüssel) und diese entfernen. Bei einem Befall Pflanze säubern, in Desinfektionslösung stellen und separat weiterpflegen. Die Pflanze mit allen Wurzeln senkrecht nach unten und vorsichtig bis zum Wurzelhals einsetzen, festdrücken und mit Steinen gut verkeilen. Sofort gut wässern und nochmals andrücken, bevor man alles mit Splitt abdeckt. Ist heißes Wetter angesagt, für einige Tage abschattieren und regelmäßig nebeln. Wo Zwiebeln schlummern, den Platz mit Stäbchen markieren. Unser gelungener Naturausschnitt erinnert uns nun täglich an eine schöne Bergwanderung.

Zuerst wässern, den Topf…

…lockern und ablösen,…

…den Ballen aufrauhen und…

…schlechte Wurzeln kürzen.

Trockenmauern und -Wälle anlegen

Blühender Mauerzauber

Natursteinmauern sind eine attraktive Alternative zu Zäunen und Betonelementen und ein idealer Lebensraum für vielerlei Pflanzen und Tiere.

Man kann damit Gärten unterteilen und abgrenzen, einen Hang abfangen oder stützen. Im sog. Handtuchgarten ersetzt eine Trockenmauer die Kräuterspirale oder das -beet. Durch ihren Aufbau entstehen neue Räume. Sie wirkt als Sicht- und Windschutz und kann Gartenteile harmonisch miteinander verbinden. Ein weiterer Vorteil liegt auf der Hand: Man muß sie weder

Eine üppig bepflanzte Zyklopenmauer bildet die Grenze zur Straße.

Die Pfingstrose der Alpen

schneiden noch streichen. Wer sich nicht gerne bückt, dem kommt die Pflanzenpracht in Augenhöhe entgegen. Und für Tiere ist dieser Standort mehr als ideal. Schon vor der Planung kann man sich in Weinbergen, im Gebirge oder in Botanischen Gärten und auf der freien Feldflur Anregungen holen. Viele Fachbetriebe unterhalten Schauanlagen mit Mauern aller Art. Vor diesem

Für den naturnahen Unterricht: eine perfekt angelegte Trockenmauer im Schulgarten

Vom Mauerfuß bis zur Krone bietet eine Legsteinmauer viele Nischen für reichen Pflanzenflor.

idealen Hintergrund kann man sich informieren und beraten lassen. Skizzen und Prospekte erleichtern die nächsten Schritte.

GUT GEPLANT IST HALB GEBAUT

Die Abfolge ist die gleiche wie beim Bau eines Steingartens. Bei einer Grenzbebauung ist der vorgeschriebene Abstand zum Nachbarn oder der Straße einzuhalten. Nun heißt es, genau zu überlegen, ob man selber baut oder dies besser einem Fachbetrieb überläßt. Ab 1 m Höhe und bei einer Mauer zur Straße hin sollte man einen Fachmann beauftragen. Bitte bedenken Sie: Ihr Vorhaben ist sehr kräftezehrend. So ist neben dem Gewicht des Aushubs (ca. 60-70 cm tief) pro Meter geplanter Mauer etwa eine Tonne Gestein zu bewegen.

Mauern als Wegeinfassung und zum Abfangen eines Hangs.

Kräuterspiralen sind vielfältig nutzbar.

Für die eigene Kreativität bleibt beim Bepflanzen und Dekorieren noch genügend Raum. Es spart Kraft und Zeit, wenn man die Steine, nach Größen sortiert, direkt am Bauplatz lagert. Stolperfallen lassen sich vermeiden, wenn man, wie schon erwähnt, den Weg, der wiederum mit den Steinen harmonieren sollte, zuerst anlegt.

Bereits während der Planungsphase sucht man die passenden Pflanzen aus, weil diese bereits während des Aufbaus zwischen Fugen und in Nischen gepflanzt werden.
Bei der Auswahl ist zu bedenken, daß es am Mauerfuß immer etwas feuchter als auf der Mauerkrone sein wird.

STANDORT-BESTIMMUNG

Wenn eine Mauer vom Lieblingssitzplatz aus im Blickfeld liegt und dazu noch der Morgen- und/oder Abendsonne ausgesetzt ist, wäre der Platz ideal. Von Vorteil ist die Ausrichtung von Nord nach Süd. Andernfalls muß man die Bepflanzung nach Licht- und Schattenlage auswählen.

ZUR RICHTIGEN ZEIT BAUEN

Auch Mauern und Wälle kann man immer anlegen, wenn das Wetter es zuläßt. Ein kleiner Vorteil entsteht, wenn man die Gründung im Herbst anlegt und dann den Winter über ausfrieren läßt. Der Boden läßt sich dann besser verdichten, und alles steht felsenfest. Ansonsten gilt das Gleiche wie beim Steingarten. Vor allem sollte beim Bau das Wetter trocken bleiben.

NÜTZLICHE HILFEN

Ein Flaschenzug, mehrere Traggurte, ein Lot mit Schnur, eine Wasserwaage sowie einige stärkere Bretter ergänzen das schon erwähnte Werkzeug. Sehr hilfreich ist es, wenn man auf kräftige Helfer zählen kann.

NATURSTEINE WIRKEN WÄRMER

Ob man sich für Feld- oder verwitterungsfeste Bruchsteine entscheidet, hängt vom eigenen Geschmack und den Möglichkeiten ab, damit umzugehen. Ideal sind Steine, deren sechs Gesichter Strukturen aufweisen - sie sehen uriger aus und fügen sich besser aneinander. Je dunkler der Standort, desto besser wirkt ein heller Stein. Die Gesteinsfarbe soll mit den anderen Gartenelementen harmonieren. Wer beim Kauf bereits auf eine Mischung aus großen, mittleren und abgeflachten Steinen achtet, hat weniger Mühe beim Schichten. Nicht vergessen: Zum Hinterfüllen und Verkeilen braucht man noch geeigneten Bruch.

Auf die richtige Gründung und korrekte Neigung zum Hang kommt es beim Bau der Trockenmauer an.

Je mehr Lücken zwischen den Steinen bleiben, desto mehr Pflanzen lassen sich in der Mauer ansiedeln.

Eine bunt und attraktiv bepflanzte Mauerkrone

SCHÖNES SICHER BAUEN

▶ Die Mauer wird an der Basis so breit angelegt, wie 1/3 ihrer Höhe beträgt. Auf dieser Fläche wird für das Fundament 40 cm tief ausgeschachtet. Ist der Boden unter der abgehobenen Sode gut, kann er, gesiebt und mit Gesteinsbruch vermischt, zum Hinterfüllen bzw. als Pflanzsubstrat dienen.

▶ Anschließend wird der Untergrund verdichtet, zur Hälfte wieder mit grobem Schotter aufgefüllt und nochmals festgestampft. Weil starker Frost auch Mauern anheben und anhaltende Regenfälle das Bauwerk unterspülen können, ist es nötig, besonders sorgfältig zu arbeiten. Liegen sehr feuchte oder leichte Böden vor, kann man hinter der Mauer ein Drainagerohr einbauen und das Wasser nach vorne ableiten.

▶ Darauf kommt die erste Lage großer Steine, so daß mehr als die Hälfte des Steines unter der Erde liegt. Die Neigung der Steine zum Hang hin muß stets 10 bis 20 % betragen. Mit Hilfe eines Schnurgerüstes und der Wasserwaage läßt sich dies leicht bewerkstelligen.

Ein Pflanzwall ist mehrseitig bepflanzbar.

Auch mit unregelmäßigen Steinen gelingt die Mauer.

▶ Zum Aufbau braucht man keinen Mörtel. Zur Sicherheit wird zwischen die Schichten alle 80 cm ein sog. Ankerstein eingefügt, der so lang ist, daß er die anderen Steine nach hinten überragt. Mit seiner Schmalseite wird er nach vorne so eingepaßt, daß dabei keine Kreuzfugen entstehen. Nur richtig mit T-Fugen versetzt wird die ganze Maueranlage sicher. Außerdem muß jeder Stein flächigen Kontakt mit seinen Nachbarsteinen haben.

▶ Alle Hohlräume werden bepflanzt oder mit „Keilen" ausgefüllt und die Steine in die Waage gebracht.

▶ Es empfiehlt sich, bis zu diesem Zeitpunkt die Pflanzen zu besorgen, um sie beim Steinsetzen in Fugen und Löchern zu plazieren (s. S. 25), weil es später Probleme geben kann, wenn die Fugen nicht einmal mehr Platz für einen zusammengedrückten Ballen lassen.

▶ Schicht für Schicht wird die Mauer oder der Wall gleichzeitig mit der Mischung aus Schottersteinen und Substrat (4:1) „satt" hinterfüllt und das Material gut angefeuchtet. Das hat den Vorteil, daß von Anfang an weniger nachsackt und gleichzeitig eine wichtige Verbindung mit den Pflanzen entsteht.

▶ Ist man dann oben angelangt, bilden besonders hübsche Decksteine den krönenden Abschluß.

Auch bei Mauern aus regelmäßig geformten Steinen bleiben genügend Nischen für die Pflanzen.

▶ Das Kronenplateau bleibt noch einige Wochen unbepflanzt, und erst wenn das Füllgut etwas zur Ruhe gekommen ist, wird dieser Bereich gestaltet.

PFLANZWÄLLE UND -SPIRALEN

Wer Lust auf etwas Besonderes hat, kann sich am Bau eines Pflanzwalles, wie er in England oft zu sehen ist, versuchen. Solch ein Wall ist nichts anderes als eine doppelte Mauer mit geschlossenen Schmalseiten. Ihr Vorteil besteht aus großen, nach allen Himmelsrichtungen ausgerichteten Flächen, die mehr Platz für attraktive Pflanzen lassen. Eine Pflanzspirale wird, wie der Name schon sagt, als Doppelspirale aufgebaut (s. S. 24). Sie beherbergt an unterschiedlich besonnten Standorten vor allem Küchenkräuter. Auch die zierenden Blütenpflanzen kommen nicht zu kurz. Außerdem enthält sie eine kleine Wasserstelle, die sehr nützlich ist (s. S. 57).

PFLANZEN FÜR DIE MAUER

Geeignet sind alle Pflanzen, die auf den Seiten 28-47 und 63/64 mit einem „*" versehen sind. Besonders hängende Blütenpolster und Fugensiedler kommen in Betracht. Wer die Mauerkrone mit Gehölzen schmücken möchte, der sollte auf Hexenbesen zurückgreifen (siehe Klappe).

Am Fuß der Anlage befindet sich ein Moorbeet mit *Gentiana sinoornata* und *Calluna vulgaris.*

Alpenaster *(Aster alpinus)*

Für prächtige Steingärten

Krönende Pflanzen von A bis Z

Erst die bunte Palette geeigneter Gewächse haucht einer Anlage wahres Leben ein. Reicher Blütenflor begleitet uns durch das Gartenjahr und wirkt schon von weitem. Oft unbemerkt wächst zwischen Fels und Pflanzen reiches Leben, dessen Wert weit über das Sichtbare hinausgeht.

Unter Steingartenpflanzen versteht man nicht nur Gewächse aus der hochalpinen Vegetationsstufe. Meist sind es kleinere, oft polsterbildende Stauden und zwergige Gehölze („Hexenbesen"), die an Hochlagen mit Fels, Geröll und Matten bestens angepaßt sind, weltweit unter oft noch extremeren Bedingungen wachsen und deshalb auch in Steingärten aller Art gedeihen.

Campanula thomasiniana liebt absonnige Standorte, auch in Trockenmauern.

Prächtige Polster von *Silene acaulis*, dem Stengellosen Leinkraut

Dolomit ist der Naturstandort polsterbildender Schätze.

Alpensteinquendel *(Acinos alpinus)* und gelber Hufeisenklee *(Hippocrepis comosa)*

Die harmonische Mitte stellt *Alyssum saxatile*, das Steinkraut, dar.

Wir nutzen ihre Wuchsform sowie Blütezeit und -farbe, um besondere Effekte oder Stimmungen zu erzielen. Wir wägen ab, ob die Pflanze besser als Solitär oder Gruppe wirkt und dabei auch noch mit dem Standort zurechtkommt. Wuchshöhe, Breite sowie Blattstrukturen entscheiden mit, ob alles harmonisch, fröhlich, heiter und locker wirkt.

Blauer Eisenhut *(Aconitum napellus)*

Pflanzen, die mit einem „*" gekennzeichnet sind, eignen sich auch für Trockenmauern.

ALPENSTEINQUENDEL *Acinos alpinus*

Eine hübsche Bienenweide.
Höhe: 10-30 cm.
Blüte: rot bis violett.
Blütezeit: V-VII.
Standort: sonnig, zwischen wärmespeichernden Felsen.
Substrat: steinig, kalkig, humus- und lehmhaltig.

BLAUER EISENHUT *Aconitum napellus*

Eine höhere Staude mit auffällig geformten Blüten, die am besten in einer Gruppe als Rand- und Hintergrundbepflanzung wirkt. Giftig!
Höhe: 50-100 cm.
Blüte: intensiv blau bis blauviolett.
Blütezeit: VI-VIII.
Standort: sonnig bis halbschattig.
Substrat: leicht, locker, gern etwas bodenfeucht.

FRAUENMANTEL * *Alchemilla*

Diese artenreiche Gattung fällt mehr durch ihre Blätter als durch die eher unscheinbaren gelbgrünen Blüten auf. Besonders nach Regenfällen oder Tau sehen die Blätter wie mit Perlen besetzt aus. Die meisten Arten sind sehr wüchsig, deshalb eingrenzen!
Blütezeit: VI-VIII.
Standort: sonnig bis halbschattig.
Substrat: meist Silikat, einige Arten auf Kalk.

STEINKRAUT
Alyssum saxatile

Diese üppigen Blütenpolster wirken bezaubernd zwischen *Aubrieta* und Polsterphlox.
Höhe: 20-30 cm.
Blüte: schwefelgelb.
Blütezeit: V-VI.
Standort: sonnig.
Substrat: locker, sandig, humos, lehmig; sowohl kalkhaltiger als auch kalkarmer Untergrund.

MANNSSCHILD
Androsace

Artenreiche Gattung mit über 100 Arten; meist prächtige, von weiß bis rot blühende Gebirgspflanzen. Treibt häufig Ausläufer, bildet prächtige Polster. In Kultur manchmal etwas schwierig, wenn man ihre Substrat- und Standortansprüche nicht erfüllt.

CHINA-MANNSSCHILD
Androsace sarmentosa

Wächst in lockeren Matten mit wollig-seidigen Rosetten.
Höhe: 5-10 cm.
Blüte: rosa.
Blütezeit: V-VI.
Standort: meist absonnig.
Substrat: locker, humos; kann in kalkarmen Schutt oder in Spalten gepflanzt werden.

Weiß blühende Silberwurz *(Dryas octopetala)* und Blätter des Frauenmantels *(Alchemilla nitida)*

Mannsschild *(Androsace)*

Arabis pumila

ZWERGGÄNSEKRESSE *
Arabis pumila

Die meist polster- oder rasenbildenden *Arabis*-Arten und ihre Kulturformen blühen schon früh und lange in schönen Farbtönen von Weiß über Rosa bis Rot.
Höhe: 5-25 cm.
Blüte: weiß.
Blütezeit: VI-VIII.
Standort: sonnig, in Felsspalten oder zwischen grobem Schutt.
Substrat: kalkreich, locker, eher etwas mager; am Grund auch sickerfeucht.

Blaukissen (*Aubrieta*-Hybride)

Campanula carpatica

ALPENMASSLIEBCHEN
Aster bellidiastrum

Ein zauberhaftes langstieliges Gänseblümchen.
Höhe: 5-30 cm.
Blüte: weiß.
Blütezeit: VI-IX.
Standort: schattig.
Substrat: kalkhaltig, humos, mit Grundfeuchtigkeit.

BLAUKISSEN *
***Aubrieta* x *cultorum* hybr.**

Auf ihre prächtigen Blütenteppiche im Frühling kann man sich Jahr für Jahr aufs neue freuen. Üppige Polster zieren Steingärten, Wälle und Mauerkronen mit ihren einfachen oder gefüllten Blüten.
Höhe: 5-10 cm.
Blüte: von Weiß über Rosa bis zu kräftigem Rot und Violett oder Blau.
Blütezeit: IV-VI.
Standort: sonnig.
Substrat: normales, lockeres Substrat.

GLOCKENBLUMEN
Campanula

Die Glockenvielfalt umfaßt über 300 Arten. Viele sind begeisternd schön und gehören mit Recht zum Grundsortiment unserer Gärten. Ihr Wuchs reicht vom Zwerg bis zum meterhohen Riesen. Natur- und Kulturformen sind blau, weiß oder gelb. Besonders gartenwillig und universell verwendbar sind, wenn man ihre Ansprüche erfüllt, *C. alpina* var. *bucegensis, C. alpestris, C. blumelii, C. raineri, C. cochleariifolia, C. poscharskyana, C. persicifolia, C. portenschlagiana.*

KARPATENGLOCKENBLUME *
Campanula carpatica

Sie wächst üppig und schnell, halbkugelig, polster- oder mattenförmig.
Höhe: 20-30 cm.

Das „Gänseblümchen" für den Steingarten: *Aster bellidiastrum*, das Alpenmaßliebchen

Bunte Flockenblume *(Centaurea triumfettii)*

Alpenwaldrebe *(Clematis alpina)*

Strauß-Glockenblume *(Campanula thyrsoides)*

Blüte: blau, auch weiß.
Blütezeit: VII–IX.
Standort: sonnig.
Substrat: kalkhaltig, gern in Felsspalten.

STRAUSSGLOCKENBLUME
Campanula thyrsoides

Eine besonders edle Wildstaude; wirkt in der Gruppe als Blickfang.
Höhe: 10–50 cm.
Blüte: gelb.
Blütezeit: VI–VIII.
Standort: sonnig.
Substrat: frisch, kalkreich, locker-steinig, lehmdurchsetztes Geröll.

BUNTE FLOCKENBLUME
Centaurea triumfettii

Unter den Flockenblumen finden wir weitere Schätze wie *C. montana, C. cana, C. bella* und *C. simplicicaulis*.
Höhe: 10–60 cm.
Blüte: Zipfel kornblumenblau, innen purpurviolett.
Blütezeit: V–VII.
Standort: sonnenwarm.
Substrat: kalkhaltig, locker.

ALPENWALDREBE *
Clematis alpina

Nicht nur auf Spalieren, sondern auch zwischen Kiefernästen oder über Felsen rankt oder kriecht unübersehbar dieses Kleinod. Es gibt von der Waldrebe mehrere Kulturformen.
Höhe: 1–3 m.
Blüte: verschiedene Blautöne.
Blütezeit: V–VII.
Standort: halbschattig.
Substrat: kalkhaltig, humos bis lehmig.

Daphne striata

Corydalis lutea

GELBER LERCHENSPORN
***Corydalis lutea* ***

Ein mehr als dankbarer Dauerblüher, dessen Samen durch Ameisen verbreitet wird. Auch *C. cava*, der lilarot blüht, sowie die blau blühenden, aber etwas heikleren *C. cashmeriana* und *C. flexuosa* sind genauso wie *C. nobilis* und *C. solida* 'Georg Parker' sehr begehrt.
Höhe: 10–30 cm.
Blüte: sattgelb.
Blütezeit: V–IX.
Standort: schattig.
Substrat: kalkhaltig, am liebsten zwischen Gestein.

GEWÖHNLICHER SEIDELBAST
Daphne mezereum

Ein begeisternd schöner und duftender, aber giftiger, Frühlingsbote.
Höhe: 50–150 cm.
Blüte: rosenrot bis rotviolett.
Blütezeit: II–V, noch vor dem Blattaustrieb.
Standort: halbschattig.
Substrat: humos, locker, lehm- und kalkhaltig.

STEINRÖSCHEN
Daphne striata

Kostbar, rar und attraktiv, vor allem betörend duftend, aber auch giftig sind die Seidelbastarten. Neben den beschriebenen sind *D. cneorum* und *D. petraea, D. arbuscula, D. glomerata* und *D.* x *napolitana* in Kultur.
Höhe: 5–35 cm.
Blüte: rosa.
Blütezeit: V–VII.
Standort: sonnenwarm.
Substrat: humos, locker, steinig und kalkhaltig.

NELKEN
Dianthus

Unverzichtbare Steingartenpflanzen. Der stets betörende Duft ihrer prächtigen Blüten und die meist wintergrünen Polster geben diesen Perlen zwischen Geröll und Stein ihren Wert. Ihr Flor kann uns während des ganzen Jahres begleiten. Besonders die Zwergpolster wie *D. freynii, D. gracilis, D. glacialis, D. gratianopolitanus* in Sorten, *D. musalae, D. simulans* und *D. subacaulis* haben es vielen angetan. Sie sind gut für die Bepflanzung kleiner Flächen sowie von Trögen, Schalen und Lochgestein geeignet.
Von den höherwüchsigen Arten empfehlen sich *D. alpestris, D. amurensis, D. campestris, D. deltoides* in Sorten, *D. sylvestris, D. pavonius, D. petraeus, D. plumarius* in Sorten und *D. monspessulanus sternbergii*.
Auf Ausbreitung, Pflege und Standortansprüche achten, die auf den Etiketten stehen!

Gewöhnlicher Seidelbast
(Daphne mezereum)

Mit früher Blüte brilliert im Steingarten *Doronicum orientale,* die Kaukasus-Gemswurz.

ALPENNELKE
Dianthus alpinus

Eine Herausforderung, da nicht ganz pflegeleicht.
Höhe: 3-25 cm.
Blüte: purpurrot.
Blütezeit: VI-VIII.
Standort: sonnig, nicht zu trocken.
Substrat: kalk- und nährstoffreich.

ZWERGNELKE
Dianthus microlepis rubra

Wer kleine Kostbarkeiten liebt, pflegt diese Nelke.
Höhe: 1-2 cm.
Blüte: rosa; auch in Weiß.
Blütezeit: V-VI.
Standort: sonnig.
Substrat: kalkfrei.

KAUKASUS-GEMSWURZ *
Doronicum orientale

Von diesem frühblühenden Schatz gibt es empfehlenswerte Sorten, z. B. 'Goldzwerg' und 'Riedels Goldkranz'.
Höhe: 20-40 cm.
Blüte: gelb.
Blütezeit: IV-V.
Standort: sonnig bis halbschattig.
Substrat: kühler, etwas feuchtfrisch.

SILBERWURZ *
Dryas octopetala

Foto S. 31 unten. Dieser reizende Zwergstrauch ziert jede Anlage. Er überzieht auch Felsen mit einer Matte weißer Blütenschälchen. Besonders wüchsig ist auch *Dryas* x *suendermannii.*
Höhe: 3-15 cm.
Blüte: weiß.
Blütezeit: V-VIII.
Standort: sonnig bis halbschattig.
Substrat: lockere Kalkunterlage, gern auf Kalkschutt.

BÜSCHELGLOCKE
Edraianthus dalmaticus

Ein wahres Schmuckstück ist dieses üppig blühende Glockenblumengewächs. Besonders schön sind auch

Zwergnelke ***(Dianthus microlepis rubra)***

Alpennelke ***(Dianthus alpinus)***

Büschelglocke *(Edraianthus dalmaticus)*

Blutroter Storchschnabel *(Geranium sanguineum)*

Flügelginster *(Genista sagittalis)*

E. alboviolaceus, E. dinaricus, E. graminifolius, E. pumilio, E. serpyllifolius und *E. tenuifolius.*
Höhe: 10 cm.
Blüte: blau bis violett.
Blütezeit: VI.
Standort: sonnig.
Substrat: kalkhaltiges Geröll.

FLÜGELGINSTER *Genista sagittalis*

Ein prachtvoller Dreiklang: leuchtend, bizarr und ungewöhnlich.
Höhe: 15-30 cm.
Blüte: gelb.
Blütezeit: V-VI.
Standort: vollsonnig.
Substrat: eher silikatisch.

ENZIANE *Gentiana*

Wer sich für leuchtendes Blau in allen Schattierungen in Garten, Trog und Schalen begeistert (obwohl die gelben und weißen nicht minder erfreuen), für den sind Enziane das Nonplusultra. Neben dem Edelweiß sind sie am bekanntesten und heiß begehrt. Bei aller Schönheit muß man jedoch auf ihre Ansprüche an den Standort und das Substrat Rücksicht nehmen. Es gibt unter ihnen kalkfliehende und kalkholde Arten und Sorten. Licht und Schatten gilt es ebenso zu beachten wie die richtige Substratmischung. Pflegefehler nehmen sie übel. Deshalb immer die Pflegehinweise auf den Etiketten berücksichtigen!
Kalkhold sind: *G. angustifolia, G. asclepiadea, G. clusii, G. cruciata, G. dinarica, G. ligustica, G. ochroleuca, G. verna* var. *angulosa.*
Tolerant sind: *G. farreri, G. septemfida.*
Kalkfliehend sind: *G. acaulis* in Sorten, *G. alpina, G. ornata, G. pneumonanthe, G. sinoornata* in Sorten.

STENGELLOSER ENZIAN *Gentiana acaulis*

Prächtige Tuffs leuchten wie blaue Sterne auf kurzen Stielen. Alljährlich wiederkehrende Frühlingspracht.
Höhe: 5-10 cm.
Blüte: tief blau, innen olivgrün gepunktet.
Blütezeit: V-VIII.
Standort: sonnig.
Substrat: sauer, lehmig-humos.

GELBER ENZIAN *Gentiana lutea*

Eine Schönheit für die Rand- und Hintergrundbepflanzung. Wer fünf bis sechs Jahre Geduld hat, kann sich am reichen Blütenflor begeistern. Genauso wie an den Insekten, die diese Weide genießen.

Stengelloser Enzian *(Gentiana acaulis)*

bepflanzung gleichermaßen gut geeignet. Grundsätzlich sollte man sich vor dem Kauf anderer Arten und Kulturformen vergewissern, wie groß sie werden und welche Ansprüche sie an Pflege und Standort stellen. Es gibt sie vom Bodendecker bis zum Solitär.
Höhe: 20-50 cm.
Blüte: leuchtend rot.
Blütezeit: VI-VIII.
Standort: sonnig bis halbschattig.
Substrat: locker, kalk- und lehmhaltig.

Höhe: 50-100 cm.
Blüte: gelb.
Blütezeit: VI-VIII.
Standort: sonnig.
Substrat: kalkhaltig, lehmig; humos mit guter Drainage.

FRÜHLINGSENZIAN
Gentiana verna

Auch „Schusternagerl" genannt. Er besitzt wohl das leuchtendste Blau aller Enziane. Keiner möchte ihn missen, obwohl die Pflanze oft sehr heikel ist. An zusagenden Standorten zeitigt sie oft auch eine zweite Blüte.
Höhe: 3-8 cm.
Blüte: blau.
Blütezeit: VI-VII.
Standort: sonnig, warm.
Substrat: humos, lehmig, kalkhaltig; manchmal auch im Silikatschutt.

BLUTROTER STORCHSCHNABEL *
Geranium sanguineum

Dieser ist ein wahres Juwel unter den *Geranium*-Arten. Als Rand- und Hintergrund-

Gelber Enzian *(Gentiana lutea)*

HERZBLÄTTRIGE KUGELBLUME *
Globularia cordifolia

Treffend auch als Polsterkugelblume bezeichnet. Zur Blütezeit krönen aparte Köpfchen den ganzen Bestand.
Zwergige Arten: *G. bellidifolia, G. meridionalis, G. incanescens, G. repens, G. stygia.*

Frühlingsenzian *(Gentiana verna)*

Zarte Blütengespinste von *Gypsophila repens*, dem Kriechenden Gipskraut

Formen- und farbenreiches Highlight: *Lewisia cotyledon*-Hybride (Bitterwurz)

Ausladendere Arten: *G. lindavica, G. nudicaulis, G. punctata, G. trichopunctata* und *G. vulgaris*.
Höhe: 5-10 cm.
Blüte: hellviolett bis blau.
Blütezeit: VI-VIII.
Standort: sonnig warm.

Herzblättrige Kugelblume (*Globularia cordifolia)*

Substrat: steinig, kalkhaltig, lehmig.

KRIECHENDES GIPSKRAUT * *Gypsophila repens*

Eine zierliche wertvolle Schönheit, von der es mehrere Gartenformen gibt. *G. repens* 'Rosea', *G. aretioides, G. cerastioides, G. paniculata, G. petraea, G. tenuifolia*.
Höhe: 10-25 cm.
Blüte: weiß bis rötlich.
Blütezeit: V-VIII.
Standort: sonnig.
Substrat: gern sickerfeucht, auf Kalk, im Schutt und in Spalten.

ZICHORIENARTIGES HABICHTSKRAUT *Hieracium intybaceum*

Eines der wenigen Habichtskräuter, die man, als Randbepflanzung zwischen silikatisches Gestein gesetzt, empfehlen kann. Neben dunklerem Gestein wirken die Blüten geradezu leuchtend.
Höhe: 5-30 cm.
Blüte: blaßgelb wie Porzellan.
Blütezeit: VII-IX.
Standort: sonnig.
Substrat: kalkarm, humusreich, in Felsspalten oder Gesteinsschutt.

HUFEISENKLEE * *Hippocrepis comosa*

Bild siehe Seite 30. Ein unübersehbarer Farbklecks und eine hervorragende Insektenweide.
Höhe: 8-30 cm.
Blüte: gelb.
Blütezeit: V-VII.
Standort: sonnig.
Substrat: kalkhaltig, locker.

BITTERWURZ
Lewisia cotyledon

Schön, aber anspruchsvoll sind alle Lewisien. Von *L. cotyledon* werden vermehrt Hybriden angeboten. Weitere Arten: *L. cotyledon* 'Alba' und 'Pinikie', *L. nevadensis* und *L. pygmaea*.
Höhe: 4-12 cm.
Blüte: weiß-rosa gestreift.
Blütezeit: IV-VI.
Standort: absonnig.
Substrat: absolut durchlässig und kalkfrei.

Voller Anmut – Türkenbundlilien im Wind (*Lilium martagon*)

TÜRKENBUNDLILIE
Lilium martagon

Begeisternd schön, aber nur ganz selten angeboten. Es gibt noch zwei weiße Varietäten: *L. martagon* var. *album* (reinweiß) und *L. martagon* var. *albiflorum* (rosa gesprenkelt). Alle muß man mit Stäben vor starkem Wind schützen. Zwiebeln zum Schutz vor Wühlmäusen am besten in Körbchen setzen!
Höhe: 30-120 cm.
Blüte: fleischrot gefleckt.
Blütezeit: VI-VIII.
Standort: halbschattig.
Substrat: kalkhaltig bis neutral, locker, humos und etwas lehmig.

GEMEINER HORNKLEE *
Lotus corniculatus

Zur Blütezeit eine wahre Zierde im Steingarten, auf Wällen und Mauern. *L. corniculatus* 'Plenus' blüht goldgelb gefüllt.
Höhe: 5-30 cm.
Blüte: gelb, Fahne oft rot überlaufen.

Klein, aber fein: *Lotus corniculatus* (Gemeiner Hornklee)

Gelbes Zichorienartiges Habichtskraut *(Hieracium intybaceum)*

Attraktive gelbe Narzissen (*Narcissus*) und die kleinen blauen *Scilla* blühen zur selben Zeit.

Blütezeit: V-IX.
Standort: sonnig.
Substrat: kalkhaltig bis neutral und steinig.

ALPENVERGISSMEINNICHT *
Myosotis alpestris

Eine Bereicherung für schattige Gärten.
Höhe: 5-15 cm.
Blüte: blau.
Blütezeit: V-IX.
Standort: halbschattig.
Substrat: kalk- und nährstoffreich; auch auf Schutt.

NARZISSEN & CO.*

Zwiebelpflanzen aller Art sind die heiteren Frühlingsboten unseres Steingartens, die uns täglich mit ihren Farben und betörendem Duft (*Narcissus jonquilla*) begrüßen. Besonders zwergige Wildarten wie *N. asturiensis*, *N. bulbocodium*, *N. cyclamineus* oder *N. moschatus* und viele gartenwillige Sorten, die es von ein- bis zweifarbig, von weißblühend bis zum satten Gelb, auch gefüllt ('Rip van Winkle') gibt, haben es uns angetan. Zwiebelpflanzen (in Körbchen) überfrachten trotz ihres üppigen Flors keine anderen Gewächse. So sind sie auch vor Mäusen geschützt (Narzissen mögen sie nicht so gerne) und können jederzeit umgepflanzt werden.

NARZISSE
Narcissus

Höhe: 10-40 cm.
Blüte: von weiß bis gelb.
Blütezeit: III-V.
Standort: sonnig bis halbschattig.
Substrat: Trocken, durchlässig. Vor der Blüte etwas feuchter. Sand, auch etwas Lehm und min. Dünger.

FEIGENKAKTUS *
Opuntia polyacantha

Wer Ausgefallenes wie winterharte Sukkulenten liebt, wagt sich an ihre Pflege. Ihre großen, glänzenden Blüten lohnen jede Mühe. Evtl. im Winter abdecken und vor Staunässe schützen!

Echte Pfingstrose *(Paeonia officinalis)*

Höhe: 20-40 cm.
Blüte: gelb, auch rot.
Blütezeit: VII-VIII.
Standort: sonnig.
Substrat: sandig, lockere und magere Schotterböden.

ECHTE PFINGSTROSE
Paeonia officinalis

Als montane bis subalpine Pflanze kann sie durchaus vor einem Wall oder als Begrenzung begeistern.
Höhe: 50-80 cm.
Blüte: leuchtend rot.
Blütezeit: V-VI.
Standort: sonnig bis halbschattig.
Substrat: humos, kalkhaltig.

ISLANDMOHN *
Papaver nudicaule

Er ist zu Recht sehr beliebt, weil er so farbenfroh und heiter wirkt. Obwohl zart und zerbrechlich aussehend, blüht die Pflanze, vor Felsen etwas windgeschützt, unermüdlich. Damit sie sich nicht zu sehr ausbreitet, sollte man die Samenkapsel vor der Reife abschneiden.
Höhe: 20-40 cm.
Blüte: gelb bis orangerot und weiß.
Blütezeit: V-IX.
Standort: sonnig.
Substrat: durchlässig, eher trocken und frisch.

STEINSCHMÜCKEL
Petrocallis pyrenaica

Nomen est omen - diese duftende Pflanze schmückt dichtrasig mit polsterbildenden Rosetten.
Höhe: 2-10 cm.
Blüte: hellrot bis violett, auch weiß.

Der Islandmohn *(Papaver nudicaule)* setzt einen farbenfrohen Akzent im Steingarten.

Feigenkaktus *(Opuntia polyacantha)*

Steinschmückel *(Petrocallis pyrenaica)*

Alpenvergißmeinnicht *(Myosotis alpestris)*

Phyllitis scolopendrium

Platycodon grandiflorus

Blütezeit: V-VII.
Standort: sonnig, trocken.
Substrat: kalkreicher Schutt und Felsspalten.

FLAMMENBLUME * *Phlox subulata*

Foto siehe S. 49 unten rechts. Was wäre ein Steingarten ohne die Blütenkissen des Teppichphloxes, von dem es viele traumhafte Sorten von *P. subulata* und *P. douglasii* gibt. Letztere bilden schöne Polster und eignen sich gut für kleine Flächen, Tröge und Schalen. Ebenso der liebliche *P. bryoides*.

Höhe: 5-15 cm.
Blüte: variabel von weiß über rosa zu rot, auch verschiedene Blautöne.
Blütezeit: IV-VI.
Standort: sonnig.
Substrat: durchlässig, locker, mineralstoffreich.

HIRSCHZUNGENFARN * *Phyllitis scolopendrium*

Auch Farne gehören zum Bild eines Steingartens. Für sonnige Plätze: *Asplenium ruta-muraria* oder *Ceterach officinarum*. Für schattige Plätze: *Asplenium trichomanes, Cystopteris fragilis, Blechnum spicant, Currania robertiana,* ***Phyllitis scolopendrium***:
Höhe: 15-40 cm.
Standort: schattig.
Substrat: kalkhaltig, humos, sickerfeucht in Wassernähe.

BALLONBLUME * *Platycodon grandiflorus*

Besonders große Glocken zieren diese langlebige Staude, die es in begeisternden Sorten gibt.
Höhe: 20-40 cm.
Blüte: zartblau bis lilablau, auch weiß.
Blütezeit: VII-VIII.
Standort: sonnig bis halbschattig.
Substrat: humusreicher Schotterboden.

KREUZBLUME * *Polygala chamaebuxus*

Ein reizender kleiner Halbstrauch, der zu Recht immer beliebter wird.
Höhe: 10-20 cm.
Blüte: gelblichweiß, älter braun-purpurviolett.

Ein früher Farbfleck im Steingarten oder Trog: die Kreuzblume *(Polygala chamaebuxus)*

Ein hübscher Sonnenanbeter ist *Potentilla nitida*, das Dolomitenfingerkraut.

Primula auricula, die Felsenaurikel, auch „Gemsprimel" genannt

Blütezeit: IV–VI.
Standort: sonnig.
Substrat: kalkreich.

DOLOMITEN-FINGERKRAUT
Potentilla nitida

Ein wahres Juwel im vollbesonnten Tuffgestein. Besonders die blühwillige Gartenform ist zu empfehlen.
Höhe: 2–8 cm.
Blüte: rosa.
Blütezeit: VII–IX.
Standort: vollsonnig.
Substrat: kalkreich.

FELSENAURIKEL
Primula auricula

Der Augenschmaus der Bergwanderer. Sie dürfen genausowenig wie die Gartenformen der *Primula* x *pubescens, P. vulgaris* oder *P.-Aurikula*-Hybriden fehlen, die es in prächtigen Farben gibt und die auch noch duften. Für Primeln aller Art sollte sich immer ein grundfeuchtes, kühleres Plätzchen finden lassen.
Höhe: 5–25 cm.
Blüte: leuchtend gelb.
Blütezeit: IV–VI.
Standort: sonnig bis absonnig, gerne in Spalten.
Substrat: kalkhaltig, humos.

PRACHTPRIMEL *
Primula spectabilis

Eine seltene Schönheit.
Höhe: 3–15 cm.
Blüte: kräftig rosa.
Blütezeit: V–VII.
Standort: warm, auch absonnig, taufeucht.
Substrat: kalkig, humusreich.

Ein prächtiger Vertreter der großen Primel-Gattung ist *Primula spectabilis*, die Prachtprimel.

Alpenhahnenfuß *(Ranunculus alpestris)*

Zwergalpenrose *(Rhodothamnus chamaecistus)*

ALPENHAHNENFUSS
Ranunculus alpestris

Unter den vielen Hahnenfuß-Arten ist diese ein besonders schönes und begehrtes Schmuckstück.
Höhe: 5-15 cm.
Blüte: rein weiß.
Blütezeit: V-IX.
Standort: absonnig.
Substrat: durchfeuchteter Kalkschotter.

ROSENWURZ *
Rhodiola rosea

Dieses dekorative Kleinod wird von Kennern geschätzt.
Höhe: 10-35 cm.
Blüten: gelborange.
Blütezeit: VI-VIII.
Standort: sonnig, auch teilbeschattet.
Substrat: locker, steinig, silikatisch oder kalkhaltig.

Rosenwurz *(Rhodiola rosea)*

ZWERGALPENROSE
Rhodothamnus chamaecistus

Ein kostbares Kleingehölz für den Kenner.
Höhe: 20-40 cm.
Blüte: kräfiges Rosa.
Blütezeit: VI-VII.
Standort: sonnenwarm.
Substrat: kalkhaltig, humos, lockeres Geröll.

ROTES SEIFENKRAUT *
Saponaria ocymoides

Genau das Richtige für große Anlagen.
Höhe: 10-20 cm.
Blüten: rosarot.
Blütezeit: VI-VII.
Standort: sonnig.
Substrat: kalkhaltig.

STEINBRECHE *
Saxifraga

Der Name deutet es an: Wir haben es bei den meisten Pflanzen dieser Gattung, die

sehr weit verbreitet ist, mit reinen Felsen- bzw. Geröllpflanzen zu tun, obwohl man einige sogar in feuchten Quellfluren findet.
Es gibt über 300 Arten und Hunderte von Hybriden, die ebenso vielgestaltig wie formen- und farbenreich sind - oft kleinblättrig, hartkrustig, teils Rosetten oder moosartige Polster bzw. krautig beblätterte Kleinstauden.
Eines ist ihnen allen gemeinsam: Sie sind gut an die oft extremen Bedingungen ihrer alpinen Standorte angepaßt, vor allem an das Klima. Um den meist unterschiedlichen Ansprüchen gerecht zu werden und sie richtig einzuordnen, wurden Sektionen gebildet. Die wichtigsten für den Steingarten und Tröge sind:
Euaizoonia: Silberrosetten und krustige Saxifragen, oft zwergig, große Polster. ***Porophyllum*** (Untersektionen ***Kabschia*** und ***Engleria***): polsterbildende Zwerge, frühblühend. ***Dactyloides***: Moos-Steinbreche mit kleinen grünen Rosetten. ***Porphyrion***: hochalpine Zwergformen. ***Robertsoniana***: gartenwillige Schattensteinbreche, z. B. *S. umbrosa*, *S. urbium*. ***Diptera***: ostasiatische Waldpflanzen, später blühend.

Rotes Seifenkraut *(Saponaria ocymoides)*

Moos-Steinbrech *(Saxifraga-Arendsii*-Hybr.*)*

Roter Steinbrech *(Saxifraga oppositifolia)*

MOOS-STEINBRECH *
Saxifraga-Arendsii-Hybr.

Sektion *Dactyloides*. Immergrüne moosartige Polster mit überreichem Blütenflor.
Höhe: 8-15 cm.
Blüte: weiß, rosa, rot.
Blütezeit: IV-VI.
Standort: absonnig.
Substrat: mildfeucht, humos, sandig-lehmig.

ROTER STEINBRECH
Saxifraga oppositifolia

Ein farbiger Blickfang. Sektion *Porphyrion*.
Höhe: 2-5 cm.
Blüte: rotblau, rot.
Blütezeit: III-VII.
Standort: halbschattig.
Substrat: locker, kalkhaltig, humos, steinig.

Inmitten von Schotter gedeiht das Rundblättrige Täschelkraut *(Thlaspi rotundifolium)* erst richtig.

BLAUSTERN
Scilla-Hybride

Foto siehe Seite 40. Wenn es Frühling im Steingarten wird, darf dieser Blickfang nicht fehlen.
Höhe: 10-20 cm.
Blüte: meist blau, seltener weiß oder rosa.
Blütezeit: III-IV.
Standort: halbschattig.
Substrat: nährstoff- und basenreich, locker, lehmig.

FETTHENNE *
Sedum

Aus Steingärten und Trockenmauern ist diese robuste und formenreiche Gattung nicht mehr wegzudenken. Fetthennen wachsen bodendeckend oder halbhoch und sind eine wertvolle Insektenweide. Sowohl Wildarten als auch farbenfrohe Gartensorten haben es uns angetan, z. B. *S. floriferum* 'Weihenstephaner Gold', S. *cyaneum* 'Rosenteppich', *S. spurium* 'Atropurpureum', *S. album* und *S. telephium* hybr. Am besten Kataloge wälzen!

FETTHENNE *
Sedum floriferum 'Diffusum'

Höhe: 5-25 cm.
Blüte: gelb.
Blütezeit: VI-IX.
Standort: sonnig.
Substrat: locker, sandig lehmig, mineralstoffreich.

HAUSWURZ *
Sempervivum

Diese dickblättrigen Rosettenstauden bilden durch Ausläufer dichte Polster. Aus der Artenfülle haben sich Hunderte begeisternd schöner Hybriden entwickelt. Ihre attraktiven Blüten sind meist rötlich oder gelb. Zwischen Fugen, auf Dächern, Mauern und Wällen begeistern sie täglich.

DACH-HAUSWURZ *
Sempervivum tectorum

Höhe: 10-40 cm.
Blüte: rötlich.

Thymian *(Thymus pulegioides)*

Stengelloses Leinkraut *(Silene acaulis)*

Sedum floriferum* 'Diffusum' und weißes *Sedum album

Blütezeit: VII-IX.
Standort: sonnig.
Substrat: sandig-lehmig, nährstoff- und basenreich.

STENGELLOSES LEINKRAUT
Silene acaulis

Attraktive Polsterkissen. Gartensorten blühen besser.
Höhe: 1-5 cm.
Blüte: rosa bis dunkelrot.
Blütezeit: VI-IX.
Standort: sonnig bis halbschattig.
Substrat: gern kalkhaltig, aber auch im Silikatschutt tief wurzelnd.

RUNDBLÄTTRIGES TÄSCHELKRAUT
Thlaspi rotundifolium

Eine bestechende Schönheit zwischen Schutt und Geröll. Insektenweide, die duftet.
Höhe: 10-25 cm.
Blüte: hellrot bis violett.
Blütezeit: VI-X.
Standort: sonnig.
Substrat: Steinschutt, lehmig-sandig.

THYMIAN *
Thymus pulegioides

Besticht durch Duft und reichen Blütenflor.
Höhe: 5-15 cm.
Blüte: hellrot, violett.
Blütezeit: VI-VIII.
Standort: sonnig.
Substrat: Kalkschutt, gern grundfeucht.

***Sempervivum tectorum* (Dach-Hauswurz) und ihre zahlreichen Hybriden erfreuen sich wachsender Beliebtheit.**

***Sempervivum*-Hybriden bilden attraktive Blütenstände.**

Erst bei richtiger Pflege blühen und gedeihen unsere Pflanzenschätze im Steingarten so prächtig.

1 x 1 der Pflanzenpflege

Mehr Freude an gesunden Pflanzen

Was die Natur uns reichlich gibt, gilt es zu hegen und zu pflegen. Sind die Pflanzen gesund und kräftig, trotzen sie ihren Widersachern besser.

Je einfacher der Zugang zum Steingarten ist, desto bequemer lassen sich alle Pflegemaßnahmen durchführen. Zunächst ist natürlich die tägliche Kontrolle obligatorisch. Unser Blick gilt zuerst dem Aufbau. Ist alles noch im Lot? Dann schauen wir nach den Pflanzen. Sehen sie gesund aus, oder gibt es Probleme? Oder haben gar unliebsame Gäste etwas ausgebuddelt oder abgefressen? Als nächstes stecken wir einen Finger in das Substrat und prüfen, ob wir gießen müssen.

Gegossen wird erst dann, wenn der Boden ganz abgetrocknet ist. Flammenblume (rechts)

PFLANZENBEZOGEN BEWÄSSERN

Dies ist nötig, wenn nichts mehr am Finger haften bleibt und kein Regen in Sicht ist. Wenn es bei Windstille längere Zeit über 30 °C heiß ist, sollte man rechtzeitig abschattieren. Auf diese Weise spart man Wasser und kann auch für den Urlaub vorbeugen.

Wuchernde Pflanzen werden mit Steinen eingegrenzt.

TIP: Zum Abschattieren eignen sich mobile Stellwände verankert auch als Rankgerüst. Die Pflanzung eines immergrünen Gehölzes mit dem nötigen Abstand zur Anlage kann genauso helfen wie ein aufgespanntes Tarnnetz. Ebenso mit Bambus o. ä. bepflanzte Gefäße.

Wenn es viel regnet oder im Herbst wieder kühler wird, wartet man mit dem Gießen ab, bis das Substrat wieder gut abgetrocknet ist. Keine Angst, das nötige Fingerspitzengefühl stellt sich schnell ein. Gründlich gegossen oder gesprüht wird stets abends. Dabei wird nicht mit starkem Schwall alles ertränkt, sondern individuell dosiert gegossen. Denn nicht alle Pflanzen brauchen es gleich naß! Besser empfindet man den Tau nach und nebelt mit einer Feindüse. Gießen mit Maß und Ziel hilft Staunässe zu vermeiden. Auch die Steine werden mit einbezogen. Sie kühlen ab und sorgen dabei für Verdunstungskälte. Immergrüne Gehölze werden bis zum ersten Frost und bei offenem Wetter gründlich gewässert. Kleinen Anlagen, Trögen, Schalen und Pflanzen mit besonderen Ansprüchen muß man noch mehr Beachtung schenken. Man gießt sie ganz gezielt mit der Kanne oder einem tragbaren Sprühgerät. Für große Flächen sind automatische Beregner mit Feinstrahldüsen oder sogar computergesteuerte (besonders im Urlaub!) eine echte Hilfe.

Die Ausnahme von der Regel: die kalkfliehende und die kalkholde Alpenrose im sauren Substrat auf Dolomit.

Gezieltes Düngen unterstützt die Blühfreudigkeit.

Wasser ist kostbar. Deshalb lohnt es sich, Traufenwasser aufzufangen und zu nutzen. Für kalkfliehende Gewächse (z. B. Rhododendron) ist dies ohnehin unentbehrlich. Außerdem ist abgestandenes, erwärmtes Regenwasser besser als eine eiskalte Dusche aus der Leitung.

TIP: Ein lockerer Boden läßt das Wasser schneller eindringen. Deshalb nach ein bis zwei Jahren die Oberfläche jährlich einmal leicht auflockern.

BEI BEDARF DÜNGEN

Nach einer guten Bodenvorbereitung wird es erst nach ca. eineinhalb Jahren nötig sein, die bis dahin aufgezehrten Nährstoffe wieder zu ergänzen. Dabei sollten die unterschiedlichen Ansprüche der Pflanzen berücksichtigt werden. Hexenbesen, verholzte und starkwüchsige Blütenstauden sind für Nährstoffgaben in Form eines guten Flüssigdüngers dankbar, der Mineralstoffe, Phosphat und Kalium enthält. Stickstoffreiche Dünger können schaden; Flüssigdünger lassen sich zudem exakter dosieren. Man bleibt etwas unter der Mengenempfehlung des Herstellers. Unsere hochalpinen Hungerkünstler sollen weder zu sehr ins Kraut schießen noch anfällig werden. Deshalb nur kleinste Mengen mit etwas Silikatmehl versetzt geben. Man beginnt bei frostfreiem Boden, wenn Triebe sichtbar werden, mit einer besonders schwach dosierten ersten Gabe und fährt dann im 14tägigen Rhythmus fort. Lieber etwas öfter weniger geben als einmal zuviel. Man düngt an trüben oder regnerischen Tagen neben den Austrieb, nicht auf die Blüten. Ohne Regen wässern, damit die Nährstoffe schnell an die Wurzeln gelangen. Ab Ende Juni stellt man das Düngen ein. Dies fördert auch die Winterhärte der Pflanzen.

Pflanzen mit ähnlichen Ansprüchen zusammensetzen!

Mit Bäumen läßt sich der nötige Schatten schaffen.

PFLEGETIPS RUND UMS JAHR

Obwohl man vielen unserer Pfleglinge nachsagt, daß sie wahre Überlebenskünstler und auch gartenhart sind, brauchen sie doch unsere Hilfe vom Frühjahr bis zum Winter.

▶ Das **Frühjahr** läutet das Gartenjahr ein. Ist der Dauerfrost vorbei, wird alles, was faulen kann, entfernt. Alte Blätter, auch Fallaub und tote Pflanzenteile landen auf dem Kompost. Nichts abrupfen, sondern vorsichtig abschneiden! Abgestorbene Stauden werden entfernt und durch solche ersetzt, denen der Standort besser zusagt (dabei das Substrat gegen neues austauschen). Bedenken Sie aber, daß manche Arten erst sehr spät austreiben. Frostschäden an Gehölzen werden mit Wundverschluß saniert, dann gut angießen. Hochgefrorene Pflanzen werden wieder angedrückt und mit Abdeckmaterial (s. S. 17) versehen.
Zu üppig Gewachsenes und Herbstblüher darf man nun teilen und neu pflanzen. Verdichteter Boden wird mit der Kralle so gelockert, daß das Abdeckmaterial sich nicht mit dem Substrat vermischt. Neupflanzungen und Umgruppierungen werden nun vorgenommen, ausgebleichte Etiketten ausgebessert oder erneuert. Jegliches Unkraut und alle Sämlinge von Bäumen muß man vom Frühling bis in den späten Herbst hinein sofort rigoros entfernen.

▶ Der **Sommer** läßt uns Zeit zum Genießen. Außer Gießen, Düngen und Jäten fällt kaum noch Arbeit an. Um eine zweite oder Nachblüte bei früh blühenden Stauden oder bei Dauerblühern zu erzielen, schneidet man die Stiele nach dem Verblühen ab. Das Gleiche gilt für solche Pflanzen, die durch Selbstaussaat lästig werden können. Legt man aber Wert auf Samen, so läßt man sie so lange reifen, bis sie zur Weiterbehandlung geerntet werden können. Die Eigenvermehrung kann zum anspruchsvollen Hobby werden.

▶ Wenn im **Herbst** die Tage wieder kürzer werden, dafür das Laub aber noch prächtiger wird, heißt es, alles für den Winter vorzubereiten. Alles Welke und Faule wird entfernt. Freiliegende Austriebe werden mit Steinmulch angehäufelt. Frühjahr- und Sommerblüher

Farne lieben es kühl und schattig.

Gesunde Pflanzen am richtigen Standort sind wenig anfällig für Krankheiten und Schädlinge.

teilen und ebenso wie Zwiebelpflanzen richtig verteilen. Hexenbesen und Rhododendren etc. bei Trockenheit nochmals gut wässern. Laubgehölze verpflanzt man nach dem Laubfall. Unter Laub- und Obstbäumen ein Laubfangnetz anbringen, damit möglichst wenig Laub in die Anlage gelangt. Dann vor den ersten Frösten Abdeckmaterial wie Vlies oder Noppenfolie und Styropor besorgen, um Tröge und Schalen, wenn nötig, einzuwintern.

▶ Fällt im **Winter** viel Schnee, dann braucht man sich nicht zu sorgen. An diesen sind die Pflanzen gewöhnt. Wenn aber der Schnee fehlt und anhaltende Kahlfröste mit austrocknendem Wind herrschen, sollte man mit Fichtenreisern oder Vlies abdecken. Sonst sind auch die als winterhart geltenden Gewächse von der Gefriertrocknung bedroht. Wenn ab Mitte Januar dazu tagsüber noch die Sonne scheint, kann es zum verfrühten Austrieb und damit zu ernsten Schäden kommen. Dann wirkt die Abdeckung als rettender Sonnenschutz. Ziehen die Frühjahrsstürme übers Land, sollte man sich vergewissern, daß nichts weggeweht wurde. Und wenn dem eisigen Hauch ein warmes Lüftchen folgt und der Boden frostfrei ist, heißt es die Auflage lüften und die Gehölze wässern.
Bis endgültig der frostige Atem des Winters verflogen ist, kann man sich bereits auf das Frühlingserwachen freuen, das die frühen Blüher jetzt schon ahnen lassen.

KRANKHEITEN

Wer gut vorsorgt, der hat auch im Steingarten kaum Probleme. Krankheiten, vor allem epidemische, treten kaum auf, wenn man schon beim Einkauf auf Qualität und vor allem auf „saubere" Ware achtet (s. S. 21).
Wird richtig gepflanzt und gepflegt, dann kann nicht mehr allzuviel Gravierendes passieren. Tritt wider Erwarten trotzdem einmal etwas auf, dann heißt es sofort reagieren. Möglichst schnell die Ursache ermitteln, und wenn sie, wie allzuoft, auf

Ohne Schnee müßte man manches abdecken.

einem Pflegefehler beruht, diesen sofort abstellen! Prüfen Sie, ob Sie falsch gießen, ob die Standortwahl, die klimatischen Bedingungen und der Bodengrund richtig sind. Düngefehler oder Standortfehler lassen sich schnell beheben. Fehlen eigene Kenntnisse, so kann man mit geschädigten Blättern oder Pflanzenteilen Hilfe bei Fachleuten (auch im Fachgeschäft) erbitten.

Folgende Erkrankungen könnten auftreten:
▶ **Echter Mehltau** tritt häufig bei lang anhaltender Trockenheit auf und ist durch graue Beläge auf den Blättern eindeutig erkennbar.
▶ **Rost** erkennt man an roten Sporenpusteln an der Blattunterseite.
▶ **Grauschimmel** (Botrytis), mausgrauer Rasen auf vertrockneten Pflanzenteilen.
▶ **Bakterielle Krankheiten** und **Schäden durch Viren** lassen sich vom Laien schwerer einordnen. Unlösbar ist kaum mehr ein Problem. Eine Hilfe bei der Diagnose und der Bekämpfung kann gute Literatur bieten (auch biologisch verträgliche; siehe Literaturempfehlungen Seite 60).

TIP: Vorbeugend alle abgestorbenen Pflanzen und Teile davon sofort entfernen und immer verbrennen; nie zum Kompost geben! Die Pflanzlöcher großflächig ausräumen und einen Winter ausfrieren lassen, bevor man wieder etwas auf dieselbe Stelle setzt.

Besonders Nacktschnecken sind eine Plage im Steingarten; da hilft z. B. regelmäßiges Absammeln.

Die Teufelskralle ist ein Leckerbissen für Schnecken.

SCHÄDLINGE

▶ **Schnecken aller Art** sind die größten Feinde unserer alpinen Schätze. Sie sind besonders aktiv, wenn es feucht ist. Schon bei den geringsten Schleimspuren heißt es handeln: Auf Schneckenjagd geht man am besten nachts, mit der Taschenlampe. Man kann Köder (Kartoffelscheiben) unter ein Brett oder feuchte Pappe auf den Kompost legen. Darunter lassen sich dann regelmäßig Schnecken absammeln. Auch mit Bierfallen oder Schneckenkorn lassen sich teilweise Erfolge erzielen. Beides sollte man möglichst weit weg von unserer Anlage und vor allem so aufstellen, daß keine anderen Tiere Schaden nehmen können. Auch ein sogenannter Schneckenzaun kann etwas helfen.

▶ Gegen alle anderen Schädlinge ist ein wirksames Kraut gewachsen. **Ameisen, Asseln, Spinnerraupen, Blattählchen, Blattläuse, Milben, Rote Spinnen, Nematoden, Thripse, Grillen, Blattwanzen** und der **Dickmaulrüßler** lassen sich mit vielerlei Methoden wirksam bekämpfen (siehe Literaturempfehlungen Seite 60). Viele lassen sich frühzeitig entdecken, wenn man z. B. unter einer Pflanze ein weißes Tuch eng anliegend anbringt und dann an die Pflanze klopft. Selbst die feuerroten **Lilienhähnchen** entwischen uns so nicht mehr. Durch den täglichen Blick und mit fleißigem Absammeln lassen sich die kleinen Plagegeister recht gut im Griff behalten. Ansonsten setzt man auf ihre natürlichen Feinde, die sich überall dort von allein einstellen, wo es für sie lebenswert ist. Einige spezielle Arten gibt es auch im Fachhandel zu kaufen. Man sollte sich auch über jede Spinne im Steingarten freuen, weil sie Jagd auf Ungeziefer macht.

Wühlmäuse lieben Zwiebeln, Knollen und Wurzeln.

TIP: Auch beim Einsatz biologisch unbedenklicher Mittel, die bienen- und fischfreundlich sein müssen, ist es wichtig, sie genau nach Gebrauchsanweisungen anzuwenden. Es ist sinnvoll, dabei Handschuhe und wirksamen Atemschutz zu tragen, auch wenn dies nicht vorgeschrieben ist.

▶ Vor einer **Wühlmaus** ist man nie sicher. Ihre Fraßschäden an Zwiebeln, Rhizomen und Wurzeln sind groß. Wühlmausgänge führen dicht unter der Oberfläche entlang. Sie sollte man immer sofort bekämpfen: Fallen oder chemische Mittel, gut abgedeckt, unterirdisch einsetzen.

Dickmaulrüßler können Pflanzen gefährden.

Blattläuse werden von Vögeln und Spinnen dezimiert.

Ein gut angelegter Steingarten bietet vielen Tieren Schutz und Nahrung.

Der Steingarten als Arche Noah

Ein Lebensraum für viele Tiere

Tiere für den Garten gibt es nicht zu kaufen. Aber unser Steingarten bietet ihnen einen neuen Lebensraum mit Unterkunft und Nahrung. Deshalb bestehen gute Chancen, daß sich reiches Tierleben von allein einstellt.

Blüten locken Insekten an: Blutströpfchen...

...und Schwalbenschwanz

Blindschleichen sind ausgesprochen nützlich. Sie leben auch im Steingarten.

Dies gelingt besonders gut, wenn schon beim Bau der Steingartenanlage der Grundstein dafür gelegt wird: Viele Höhlen und Spalten oder Holzstubben bieten Schlupflöcher, Lebensräume und unterschiedliche Klein-Klimazonen. Eine Bepflanzung mit reichem Blütenflor bietet zudem vielen Tieren Nahrung.

WASSER IST LEBEN

Ökologisch wertvoll wirkt sich auch eine integrierte Wasserstelle aus. Dabei ist es völlig belanglos, ob sie als kleiner oder großer Teich, als murmelndes Bächlein oder Wasserfall für belebende Feuchtigkeit und erquikkende Kühle sorgt. Sie dient als Kinderstube und Lebensraum für Amphibien und Libellen und beherbergt

darüber hinaus sehr interessante Wasserpflanzen.
Für viele Tiere und Pflanzen ist die Wassernähe eine Lebensgrundlage. Es ist schon erstaunlich, wie schnell sich neugeschaffene Lebensräume besiedeln. Je näher unser Garten an natürlichen Biotopen liegt, und je besser die Bedingungen vor Ort sind, desto schneller stellen sich die Neubürger ein.

In Fugen und Höhlen nistet allerlei Getier.

Ein seltener Gast: die Zauneidechse (Männchen)

Krabbenspinnen räumen unter den Insekten auf.

SIEDLUNGSHILFEN

Unterstützen kann man die Ansiedlung von Tieren, indem man z. B. Nistkästen aufhängt, um möglichst viele **Vögel** anzulocken. Lediglich die Amseln wissen nicht, was sie anrichten, wenn sie besonders zur Brutzeit und im Herbst ganze Pflanzenpolster auseinandernehmen, um darin nach kleinen Würmern oder Schnecken zu suchen. Dem kann man aber vorbeugen, indem man neben die Polster einen Stock mit Bratfolienstreifen als Vogelscheuche steckt oder die Pflanzung mit einem Netz abdeckt.
Für **Insekten** wie Hummeln, Bienen und andere, die als erste zufliegen, bietet man neben Blütenpflanzen als Nektarquelle auch Wohnraum an, indem man Bündel hohler Pflanzenstengel aufhängt oder Lochziegel und Holzstücke, die mit unterschiedlich dicken Bohrlöchern versehen sind, an geeigneten Stellen anbringt. Als Lohn werden Blüten bestäubt, Schadinsekten weggefangen und reiches Leben zum Beobachten auf unserer Naturbühne geboten, auf der sich von Tag zu Tag die Lebensgemeinschaften stabilisieren.
Zu den Gästen im Steingarten gehört auch eine Vielzahl von **Spinnen**, etwa Wolfsspinnen, Krabbenspinnen, Springspinnen, Kreuzspinnen oder die seltenen Zebraspinnen und manch andere Heimlichtuer, die allesamt Jagd auf ungebetene Gäste machen und so zur Pflanzengesundheit ebenso wie die **Laufkäfer** und Grabwespen beitragen.

Viele Blüten sind eine gute Insektenweide (Admiral).

Allen **Kröten** und dem **Igel** hilft es, wenn man Holz und Laub anhäuft. Darunter finden sie Schutz und Nahrung. Großes Glück hat derjenige, bei dem sich sehr selten gewordene Gäste wie **Blindschleichen**, **Moor-** und **Zauneidechsen** einfinden und auch noch bleiben, wenn man sie in Ruhe leben läßt und Überwinterungsplätze vorhanden sind.

EIN STEINGARTEN-TAGEBUCH

Ganz gewiefte Gartenfreunde führen von Anfang an Buch und halten möglichst vieles auch im Foto fest, was ihnen besonders gefällt. Beginnend mit dem Bau werden dann alle Pflanzenzu- und -abgänge notiert, ebenso die spannenden Beobachtungen und Erlebnisse rund um das Steingartenjahr. Das bewahrt die Freude und Erinnerung auch für kommende Jahre und läßt immer wieder staunen, wie eine solche Anlage ständigem Wandel unterliegt und von Jahr zu Jahr an Wert gewinnt. Eine solche umfangreiche Datensammlung kann auch helfen, wenn es einmal Probleme geben sollte. Vor allem können Kinder vom Beobachten profitieren. Sie lernen dabei wie wir, die Natur besser zu verstehen und zu schützen. Denn nur was man kennt, wird man auch gern schützen.

Geschützte Weinbergschnekken absammeln, aussetzen!

Zauneidechsenweibchen *(Lacerta agilis)*

Die Wald- oder Bergeidechse *(Lacerta vivipara)*

BÜCHERTIPS

Aichele, D. u. Schwegler, S.: Alpenblumen. Kosmos Verlag, Stuttgart 1992.
Beck, P.: Die schönsten Miniwassergärten. Kosmos Verlag, Stuttgart 1997.
Bell, P. u. Wright, D.: Gesteine und ihre Mineralien finden und bestimmen. Kosmos Verlag, Stuttgart 1987.
Böhringer, M. u. **Jörg, G.:** Naturgemäßer Pflanzenschutz. Kosmos Verlag, Stuttgart 1993.
Danesch, E. u. O.: Zauber und Schönheit der Alpenblumen. Fink-Kümmerly + Frey, Ostfildern 1981.
Foerster, W.: Der Steingarten der sieben Jahreszeiten. Neumann, Radebeul 1993.
Haberer, M.: Steingärten und Trockenmauern. Kosmos Verlag, Stuttgart 1995.
Helberg, Th.: Wassergärten. Kosmos Verlag, Stuttgart 1995.
Köhlein, F.: Saxifragen. Ulmer, Stuttgart 1995;
Köhlein, F.: Das große Buch der Steingartenpflanzen. Ulmer, Stuttgart 1994.
Schacht, W.: Der Steingarten. Bechtermünz, Augsburg 1996;
Schimana, W.: Wassergärten. Kosmos Verlag, Stuttgart 1993.
Stichmann, W. u. **Kretzschmar, E.:** Der neue Kosmos Tier- und Pflanzenführer. Kosmos Verlag, Stuttgart 1996.

SEHENSWERTE SCHAUANLAGEN

Deutschland: Auf dem Brocken (Harz); Auf dem Schachen (Obb.); Berlin; Dresden; Erfurt; Frankfurt/Main; Hbg.-Groß Flottbeck; Hof; Köln; Lindau; Lindauer Hütte (Tschagguns); München (Botanischer Garten u. Bundesgartenschau-Gelände); Pforzheim; Rennsteig-Alpengarten, Oberhof; Stuttgart-Hohenheim; Tübingen; Wingst; Würzburg.
Großbritannien: Edinburgh; Wisley; Kew.
Österreich: Auf dem Dobratsch (Villach); Innsbruck; Kitzbühler Horn; Mallnitz; Reutte Tirol; Wien (Bellvedere u. Schönbrunn).
Schweden: Göteborg.
Schweiz: Emmen; Davos; Schynigge Platte.
Tschechien: Brünn; Prag.

REGISTER

IMPRESSUM

Umschlaggestaltung von Atelier Reichert, Stuttgart.
Umschlagvorderseite: Großes Foto von Eberhard Morell, Dreieich; kleines Foto von Peter Beck.
Umschlagrückseite: Beide Fotos von Peter Beck.
Klappe außen: Großes Foto von Peter Beck; Autorenfoto von Michael Prasuhn, Bielefeld.
Klappe innen: Alle sechs Fotos von Peter Beck.

Mit 157 Farbfotos und 2 Farbillustrationen.

Die Deutsche Bibliothek – CIP-Einheitsaufnahme

Steingärten, Trockenmauern und Tröge : Anlegen, Bepflanzen, Pflegen / Peter Beck. – Stuttgart : Kosmos, 1998
(Dem Kosmos-Rat vertrauen)
ISBN 3-440-07554-0

ISBN 3-440-07554-0
Lektorat: Christiane Theis
Grundlayout: Atelier Reichert, Stuttgart
Gestaltung: Gisela Dürr, München
Satz: Punkt Komma Strich, Deizisau
Printed in Germany/Imprimé en Allemagne
Druck und Buchbinder: Westermann Druck Zwickau GmbH, Zwickau

BILDNACHWEIS

Mit 145 **Farbfotos** von:
Ellen Henseler, Bonn (S. 55 uli);
Reinhard-Tierfoto, Heiligkreuzsteinach (S. 1 M);
Karl Rössle, Olching (S. 18 ure, 28 o, 36 o, 38 ore, 44 ore, 45 uli, 48 uli, 51 o, 53 o, 54 o);
Artur Wagner, Gernlinden (S. 6 oli);
alle übrigen von Peter Beck, Stuttgart.

Mit 2 **Farbillustrationen** von:
Ruth Fritzsche, Grethen (S. 64);
Horst Lünser, Berlin (S. 25).

Autor und Verlag danken den Mitgliedern der Fachgruppen Steingarten- und Alpine Stauden München und Stuttgart der Ges. der Staudenfreunde. Besonders F. Schmid, M. Wagner, J. Mayr, K. Rössle sowie R. und Dr. H. Herkner.

Extra

BLÜTENPRACHT DURCHS GANZE JAHR (nach Blütemonaten geordnet)

Pflanze	Blütemonat	Standort	Blütenfarbe
Draba aizoides *	3–4	○	gelb
Draba suendermannii *	3–4	○	weiß
Hepatica nobilis *	3–4	◐–●	weiß bis blau
Primula-Juliae-Hybriden	3–4	◐–●	große Palette
Primula vulgaris	3–4	○–◐	gelb
Soldanella montana	3–4	◐	violett-blau
Adonis vernalis *	4	○	gelb
Vitaliana primuliflora	4	○	gelb
Armeria juniperifolia	4–5	○–◐	rosa
Primula denticulata	4–5	◐–●	große Palette
Pulsatilla vulgaris *	4–5	○	violett, rosa, weiß
Omphalodes verna	4–6	◐	leuchtend blau
Androsace carnea	5	◐	rosa
Arenaria montana *	5	○	weiß
Corydalis nobilis *	5	○–◐	gelb
Haberlea rhodopensis *	5	◐–●	violett
Lychnis alpina *	5	○	rot
Thymus doerfleri *	5	○	rosa
Androsace sempervivoides	5–6	◐	rosa
Antennaria dioica	5–6	○	weißrosa
Aquilegia discolor	5–6	○	weißblau
Aquilegia flabellata	5–6	○	lilablau
Asperula arcadiensis	5–6	○	lachsrosa
Aster alpinus *	5–6	○	violett
Erinus alpinus purpureus *	5–6	○–◐	rot
Iberis saxatilis *	5–6	○	weiß
Linum capitatum	5–6	○	goldgelb
Linum perenne ssp. Alpinum *	5–6	○	blau
Penstemon caespitosus	5–6	○–◐	blau
Ramonda myconi *	5–6	●	violett
Sagina subulata *	5–6	○–◐	weiß
Trollius europaeus	5–6	○–◐	gelb

Pflanze	Blütemonat	Standort	Blütenfarbe
Valeriana saliunca	5–6	○	rosa
Veronica fruticans	5–6	○	saphirblau
Wulfenia carinthiaca	5–6	◐–●	blau
Erigeron compositus	5–7	○	lila
Helichrysum milfordiae	5–7	○	rosa
Viola biflora *	5–7	○–◐	gelb
Anacyclus pyrethrum var. Depressus	5–8	○	weiß bis rosa
Oenothera missouriensis *	5–8	○	gelb
Coreopsis lanceolata	5–9	○	goldgelb
Erigeron aureus	5–9	○	goldgelb
Hypericum olympicum *	6	○–◐	goldgelb
Lychnis flos jovi *	6	○	rosarot
Stachys lavandulifolia	6	○	purpurrot
Acaena macrophylla *	6–7	○–◐	karminrot
Acantholimon glumaceum	6–7	○	rosa
Aethionema grandiflorum	6–7	○	lilarosa
Anthyllis montana	6–7	○	rot
Arenaria montana *	6–7	○	weiß
Centaurea bella *	6–7	○	rosa
Senecio integrifolius *	6–7	○–◐	goldbraun
Thymus serpyllum pygm. *	6–7	○	lilarosa
Veronica armena rosea *	6–7	○	rosa
Acantholimon olivieri *	6–8	○	rosa
Delosperma cooperi	6–8	○	lilarot
Viola cornuta *	6–8	○–◐	lila
Leontopodium alpinum	6–9	○	weiß
Linaria alpina *	6–9	○	blau
Minuartia laricifolia *	6–9	○	weiß
Petrorhagia saxifraga	6–9	○	rosa
Jovibara heuffelii *	7	○	gelb
Jovibara sobolifera *	7	○	gelb
Teucrium montanum	7	○	gelblich
Origanum vulgare *	7–10	○	rosalila

Extra

Pflanze	Blüte-monat	Stand-ort	Blüten-farbe
Convolvulus suendermannii	7–8	○	rosa
Cortusa matthioli	7–8	◐	rot
Hosta ventricosa 'Minor'	7–8	◐–●	violett
Hosta venusta	7–8	◐–●	blaßlila
Orostachys spinosus	7–8	○	blaßgelb
Papaver kerneri	7–8	○	gelb-orange
Scutellaria amana	7–8	○	lila
Scutellaria orientalis	7–8	○	gelb
Linum flavum	7–9	○	gelb
Aster amellus *	8–10	○	blau
Helleborus niger	12–3	◐–●	weiß

ZWIEBEL- UND KNOLLENPFLANZEN VON A BIS Z

Pflanze	Blüte-monat	Blüten-farbe
Allium cyaneum	7–8	blau
Allium insubricum	5–6	rosa
Allium narcissiflorum	5–6	rosa
Allium oreophylum	5–6	rosa
Anemone blanda *	3–4	weiß, blau, rosa
Arum italicum	4–5	weißlich
Bulbocodium vernum	3–4	rot
Chionodoxa luciliae	3–4	hellblau
Chionodoxa sardensis	3–4	blau
Crocus in Sorten * (Wildkrokus)	2–4	breite Palette
Crocus speciosus (Herbstkrokus)	9–10	lila
Cyclamen coum und Sorten *	2–4	rot, rosa, weiß
Cyclamen hederifolium *	8–10	weiß bis dunkelrosa
Cyclamen purpurascens *	7–8	rosa
Eranthis hyemalis	1–2	gelb
Erythronium dens–canis	3–4	rosa
Frittillaria meleagris	4–5	weiß, rötlich
Galanthus nivalis *	2–3	weiß
Iris danfordiae	2–3	gelb
Iris histrioides 'Maior'	2–3	blau
Iris reticulata	3–4	dunkelblau
Leucojum vernum	3–4	weiß
Muscari armeniacum *	4–5	blau
Puschkinia scilloides	4–5	weiß bis lichtblau
Sternbergia lutea	9–10	gelb
Tulipa (Wildtulpen)	4–5	viele Farben

* Diese Pflanzen sind auch für Trockenmauern geeignet.

Die Pflanztiefen für Zwiebeln und Knollen